万川
reflections

# 一步万里阔

# 就业冰河

## 被剥夺稳定工作的年轻一代

〔日〕小林美希——著
赵婧姝——译

ルポ"正社員"の若者たち
就職氷河期世代を追う

中国工人出版社

# 前言

人生是不是只有工作？还是说，人不得不工作？

从早到晚工作，晚上回到家只有睡觉，基本没有个人的时间。即使是正式员工，不管对现在还是未来，不安感都在增加。大概有很多人都是一边这么想一边在工作吧。

年轻人的雇佣环境激烈变化，到达了一个极限，“就业冰河期一代”就是这一现象的象征。

在日本，出生于1970—1980年的一代就正好赶上了就业冰河期。冰河期一代的大学生从1993年开始走向社会。虽然大学生就业率在1980年开始一度保持在70%以上，但在1993年达到76.2%这一高点后加速下滑。到“失去的10年”刚结束的2000年，大学毕业生就业率降到了55.8%，此后5年，日本进入了就业超级冰河期。

1994年70.5%，1995年67.1%，1996年65.9%，1997年66.6%，1998年65.6%，1999年60.1%，2000年55.8%，2001年57.3%，2002年56.9%，2003年55.1%，2004年55.8%。

笔者大学毕业于2000年3月，正好赶上了就业超级冰河期。那是历史性的一年，大学毕业生就业率在统计史上首次从60%以上下降到55.8%。泡沫经济崩溃，令雇佣环境恶化的经济事件相继发生，出现了金融危机。经济不景气、通货紧缩，以及经济衰退加速，不仅中老年员工被裁员，在就业市场具有优势的应届生招聘也被缩减，结果就是就业冰河期的到来。笔者这一代人都说“只要有工作就好”，不管怎么样先找份工作干起来。

后来几年，日本逐渐摆脱了大学毕业生每两个中就有一个失业的困境。到2005年，大学毕业生就业率为59.7%，2006年达到63.7%，2007年恢复到67.6%。不过，这个就业率不仅局限于能成为正式员工的工作，其实际定义是“应届毕业生中能找到以获取工资、利润、报酬以及其他正常收入为目的的工作的人”，只要获得一年以上合同的派遣员工、合同工都算就业。从中可见，以正式员工的身份开始工作难如登天。年轻一代的非正式员工持续增加，不管正式工还是非正式工，年轻人就这么被送进了残酷的劳动现场。

为什么说年轻人，特别是就业冰河期一代的问题会受到关注呢？因为这一代人在日本被称作“团块二代”（1971—1974年生）、“后团块二代”（1975—1981年生）[1]，有一定人口数量，对宏观经济具有很大的影响。综合开发研究机构（NIRA）在2008年4月发表的研究报告《就业冰河期一代的危机》中指出，由于就业冰河期一

1 “团块世代”是日本“二战”后婴儿潮的一代，他们的孩子被称为“团块二代”，也是日本战后第二次婴儿潮的一代，出生于这一批人之后的人被称为“后团块二代”。——译者注（下文若无标注，均为译者注）

代的工作方式的变化，比如非正式员工和无业者的增加，产生的潜在生活保障金领取者按 774.4 万人计算，从中产生的追加预算预计在 17 兆 7000 亿日元到 19 兆 3000 亿日元之间。当然，问题不仅在于对宏观经济的影响。就业不稳定、工资低的影响也波及这一代人结婚生子等个人生活方式。此外，长时间工作造成的抑郁、过劳死的年轻人也逐渐出现。这样下去，人们不明白到底为什么要工作，为什么活在这个世上。

根据日本总务省发布的《劳动力调查》，自 2002 年进行调查以来，正式员工的数量于 2006 年初首次出现增加，人数为 3411 万人，到了 2007 年增长到 3441 万人。同时，非正式员工也在持续增加，2007 年人数为 1732 万人，比 2006 年增加 55 万人，非正式员工的比例达到了 33.5%，创历史新高。根据这一调查，年轻人中非正式员工的比例也在逐渐升高。1990 年 2 月，15—24 岁男性非正式员工比例为 20.4%，25—34 岁仅有 3.2%，但是到了 2007 年，这两个年龄段的数值分别上升 43.3% 和 13.8%。从女性非正式员工比例看，1990 年 2 月，15—24 岁的这一比例为 19.9%，25—34 岁为 24.5%，到了 2007 年，这两个年龄段的数值分别上升至 49.6% 和 42.4%。

促使非正式员工增加的背景是 1995 年旧经团联（日本经济团体联合会）提倡的“新时代的日本式经营”。这一理念提倡企业区分使用正式员工和非正式员工。这份“95 年报告”中，企业员工被分为三类：一是企业中的核心人才即长期雇佣者（正式员工），二是不一定以长期雇佣为前提的具有专门技能的员工，三是根据职务可以灵活对待、有期限的雇佣合同员工（非正式员工）。于是企业都开始推行“非正式员工化”。同时，1995年、1999年、2003年，《劳动者派遣法》进行了修正，派遣劳动原则上成为自由。不仅是劳动方的价值观开始多样化，劳动法制的放松也让非正式员工出现了爆发性的增长。2001年，15—34岁的非正式员工到达了417万人。10年间，这一数字增长了大约2.3倍。

此外，经济合作与发展组织（OECD）于1992年启动雇佣失业研究，1994年提出了提高劳动市场弹性、通过改善市场机能来增加雇佣、抑制失业的就业战略。受到美国影响较大的OECD推行了美国式的方案。OECD对各国的政策应对进行指导，OECD经济发展调查委员会（EDRC）于1996年对日本进行了审查，对处于低迷期的日本经济，推行使就业调整更简单易行的改革提出了建议。当时的大藏省也由于泡沫经济崩溃后的处理工作，为重建财政感到头疼，因此没有实行应对紧急经济状况的财政刺激政策，而是依赖“以放松法规为中心，强化财政体制，恢复民间部门的信心”的对策。

在EDRC的审查中，日本政府对OECD建议的雇佣流动化，并没有什么不同意见。如果说正是OECD这一系列的活动，让旧经团联“95年报告”正式登场也不为过。

也就是说，日本政府对OECD的研究囫囵吞枣，在财政困难和经济界新闻的双重因素促使下，选择通过放松政策法规来应付。而且，这样的风潮是世界性的。1997年，OECD工会咨询委员会（TUAC）发表严正声明，“雇佣、解雇的灵活性以及降低工资，即使是用善意来揣测，也不得不说是不得当的，如果朝不利的方向发展，就会促进由低工资、低技能产生的竞争。现在的OECD各国的劳动市场会发生损害社会一体化的进一步的不平等。全球化经济如果同国内进行支援不一起进行，则无法发挥作用，需要增强对‘无底线竞争的全球化’的思考”。

当时的担心，在今天变成了现实。

就业冰河期中作为正式员工进入社会的年轻人们，一点点的雇佣安定换来的是被迫进行长时间的工作，在无法与这样的工作方式相匹配的工资水准上喘息。年轻人们切身感受着严峻的雇佣环境，他们看不到像经济高度成长时那样的未来——年轻的时候努力，之后总会有回报。此外，即使感到工作有价值也很难继续、在困难工作环境中的年轻人，即使薪水在平均线以上、也为工作的内容感到烦恼而离职的年轻人，过劳死前终于可以离开职场的年轻人……对不少男男女女来说，他们虽然是正式员工，但那只是个名号而已。

男女共同参加的“关于兼顾工作与生活的特别调查会”在2007年7月公开的报告书中指出，全职工作的30岁男性每5个人中有1人、城市地区每3人中有1人，每周工作时间超过60小时。每周实际工作时间“60小时以上”，相当于每月超过法定工作时间80小时以上。联合综研[1]指出，超时工作、休息日工作连续2—6个月，会

1 指日本公益财团法人联合综合生活开发研究所。

导致过劳死，对过劳死预备军的存在要予以重视。

对年轻人工作时间长的状况，第一生命研究所经济学家熊野英生指出：“从厚生劳动省的《工资结构基本统计调查（2007年）》中，来看哪个年龄层在负担着超时工作（加班）时间的总数，就可以发现年轻人的负担很大。企业全部平均下来，36%的加班是由大学毕业、研究生毕业的30多岁男性在承担，如果是大企业，这个数字可以到50%以上。应届毕业生招聘连年压缩，20多岁员工人手不足，这样的恶果就波及了30多岁员工。20世纪90年代后半期的解雇潮对分工体制产生了破坏，工作量向30多岁员工的倾斜更加严重，每人的工作量增加，劳动强度变大。大企业中经常发生20多岁员工的稳定性比过去降低的问题，但是，这大概是年轻人们看到无法在过度工作中获得回报的前辈们，对未来无法抱有希望吧。他们对自己说着‘现在重新再来还有用’，想要跳槽去更加关心自己存在的公司。”

三菱UFJ研究与咨询机构的主任研究员小林真一郎也这样提出：“在1997—1998年的金融危机的情况下，应届生招聘和社会招聘的环境都变得更加严峻。企业开始转变为重视股东的经营方式，为了削减作为固定成本的正式员工的人力成本而增加非正式员工，使得人力成本成为变动成本。吸取泡沫经济崩溃后的严峻时代的教训，即使人手不足也不增加员工。虽然由于人手不足无法提高营业额，但是企业容忍这样的状态，比起之后还要雇用过剩人员，还是用目前的员工咬牙坚持着。这就导致了正式员工的超时过度工作。

然而，工资不涨、家庭日常消费减少，消费受到了抑制，企业的营业额也无法提高。这样一来又导致了解雇和抑制员工工资，雇佣环境和收入环境都更加严峻，陷入了恶性循环。”

2007 年 8 月，厚生劳动省发布的“按日派遣”调查显示，通过按日派遣的方式工作的人当中，正式员工、个体户占到了 25.5%。也就是说，按日派遣中，每 4 人中就有 1 人是这种情况，即使是正式员工，也无法获得充裕的收入，所以只能打零工。

本来，年轻人作为正式员工被录用，理应在工作组织当中一边工作，一边培养自己的工作方式、荣誉感、自尊心，但在目前的状况下，没有了这样的可能性。在社会贫富差距扩大成为议题的今天，除了非正式员工的问题，也到了不得不关注作为正式员工在工作的年轻人的现状，认真重新考虑法律法规的时候了。经济界、政治家、官僚们，各行各业不可能没有注意到年轻人的就业情况已经到了这样的极限。

本书追踪在各种行业工作的年轻人，不仅对他们的工作环境，也对他们对工作的想法进行报告，希望向大家传达年轻人们不甘现状、努力斗争的姿态。

# 目　录

C O N T E N T S

# 第一章

# 有名无实的正式员工

# 1. 寻求工作的成就感

## 从县厅离职

“一旦踏入这个行业，就出不来了。正因为有成就感，就算感到辛苦、难过，也很难下定决心辞职。”

从东京的大学毕业后，回到老家关东北部的新兴人才派遣公司工作的宫崎和代深深叹了一口气。高高瘦瘦的她穿着修身西装，怎么看都像是东京丸之内[1]的职业女性。虽然从县厅[2]的临时职位离职后，转身成为派遣公司的正式员工，做着有成就感的工作，但是她对职场的忍耐已经到了极限。

2001 年秋天，大三的和代意识到要开始找工作了，虽然父母一直唠叨着“回家来吧”，但是她憧憬空乘的工作，不顾父母的反对，

1　丸之内位于皇居外苑与东京站之间，是东京的中心商务区，也是日本金融、经济的中心地区之一。日本各大企业的总部均设立于此。

2　县，相当于中国的省。县厅相当于中国的省政府。

开始在东京找工作。和代找工作的时候正好是美国“911”多起恐袭同时发生之后，想要在航空公司找到工作比平时更困难。虽然把能面试的航空公司都面了，最后还是没有被录用。2003 年 3 月毕业后，和代没办法只能回了家，成为县厅的临时职工。

和代在县厅担任部长[1]秘书，主要负责调整员工的时间表，以及一些端茶倒水的工作。日收入 5900 日元，一个月拿到手的收入大概 11 万日元。因为住在自己家里，这样的收入还是可以生活的。刚开始工作的时候，她想着“这总比没工作强”，渐渐对秘书的工作也感到了些乐趣。

但是，没工作多长时间，她发现周围基本没有对工作有上进心的同事，便开始感到不那么满意。作为临时工的女同事们一聚到一起，谈的话题基本就是：“赶紧找个县厅职员结婚，然后辞职好了。”“下次，我们一起去看杂志上的名牌包包吧。”虽然不能说女同事们的话题就是这些，但是感觉对于她们来说，职场就是和县厅职员相遇的地方。和代还想着和她们说更多关于工作的事儿。她开始对职场的人际关系感到不安。

几个月后对工作逐渐习惯了以后，她也没感到有什么有趣的。每天的工作就是早上倒茶，复印报纸，撰写已经有模板的文书，给各种文件贴标签。只要稍微有点职业素养的人，都可以干这样的工作。在这里，是不能指望作为社会人得到技能提升的。

---

1 日本地方政府的部长是地方公务员中较高级别的职务，地方各部门最高职务为局长，其次为部长。

虽然和代对职场感到不满，她的父母却感到很骄傲，对周围的人表示：“我的女儿在县厅工作哦。”和代的哥哥也是公务员，在这样的家庭环境中，公务员的招牌甚至成了神话。母亲的口头禅就是：“就这样在县厅待着，找个县厅职员结婚。”这是在地方特有的对公务员这个职业的强烈认可。对于母亲的话，和代只是左耳进、右耳出。

和代可以熟练搞定日常工作，正好在每天下午 5 点 15 分结束工作。另一边，正式员工经常加班到深夜。看到他们的身影，和代认为“这才是大学毕业生该做的工作”，对自己的工作感到了困惑。

“我到底是为什么从大学毕业？”和代不顾父母极力反对的声音，开始找工作。

## 直线上升发展的人才派遣业

什么样的工作才能让自己有成就感呢？在县厅工作的时候，和代一直在想工作是什么、社会人是什么、职业是什么这样的问题，于是成长为优秀社会人的想法更加强烈。同时，她开始考虑要不要从事能够让死气沉沉的老家变得更有活力的工作。这样一来，“人”“职业”就成了对象，她对人才派遣行业产生了兴趣。而且，自从 1986 年《劳动者派遣法》施行以来，派遣行业达成了直线上升式的发展。

《劳动者派遣法》施行之后，派遣劳动先是作为被例外承认的、临时的、一部分专门业务，以仅限16种业务的“正面清单”的模式开始了。在经济界削减人力费用的强烈要求下，《劳动者派遣法》多次修改，放松了规制。1995年的修正当中，派遣业务从16种扩大到26种。1999年的修正中，和之前的做法完全不同，以列出禁止业务的“负面清单”的方式，原则上实现了派遣业务自由化。2003年的修正又进一步将派遣时间从1年延长到3年。由于法律修改、规制放松，派遣行业迎来了商机，持续扩大。当然，这里面也有工作方价值观多样化的影响。

从规制放松一轮后的发展形势来看，派遣行业增长势头显著。这种业绩扩大创造出了人才需求——输送派遣劳动者一方的派遣公司正式员工。

想要参与到和人的一生相关的“雇佣”当中去——很多有着这样职业理想的年轻人，很自然会被人才派遣公司吸引，和代就是其中一员。

### “23岁，年收入超过360万日元”

2004年4月，和代跳槽，加入老家高速成长的人才派遣公司，成为一名正式员工。

这家派遣公司是成立没几年的新兴企业。作为地方人才业公司，商机一直在增加。2000年公司刚成立的时候，第一年营业额为1亿日元。和代入社的时候，公司在成立短短4年间，营业额就增长到

25 亿日元。社长对公司未来的展望是："我们要在公司成立 10 周年时，以关东地区为中心，实现营业额 150 亿日元，经常性净利润率 5%，目标是成为上市公司。"还不到 40 岁的社长的口头禅就是："什么时候我们把总部开到六本木去。"

受到社长的强势和领导力的吸引，和代决定加入这家公司。公司招聘广告上明确写着"23 岁，年收入超过 360 万日元"，和代考虑了一下自己今后的人生，想到可以脱离在县厅时的微薄收入，对未来充满希望。

然而，一进入公司，人事部就单方面表示："试用期前三个月，每个月工资 18 万日元。"虽然和代和人事部说，这条件和招聘广告上讲的不一样，但对方表示"因为没有工作经验所以没办法"，并不理会和代的说法，再怎么说条件都没法改变。和代虽然感到这很不讲理，但想到可能会被说如果不喜欢可以辞职，就没法再强烈抗议了。她对工作内容还是感兴趣的，又是不顾父母的反对辞了职，只能就这样开始工作了。入职第一个月是在总部实习，那之后被派往派遣公司创立的非营利性组织（NPO）法人工作。和代的第一份正式工作，是 NPO 从地方政府接受的支持年轻人就业相关的委托事务。

在这项委托事务中，和代努力对年轻人的就业意识和企业方的招聘意愿进行了调查。为了与年轻人及企业的人事负责人召开座谈会，她开始寻找学生、自由职业者、企业人事部的合作者。如果客户中的人事负责人不能配合，就在网上查找，一家一家打电话。只要可以和对方约上时间，就能当面拜访，说明业务的主旨。和代对一切全力以赴，企业的人事负责人也被她的努力感动。就这样，她集齐座谈会参加者，找好会场，协调时间表，顺利举办了了解县内各地雇佣情况的座谈会。

工作在一切还不怎么明白的情况下推进，试用期就结束了，从入职的第四个月开始，她的工资涨了2万日元，有20万日元了。这样的话，工作第一年可以拿到230万日元。每半年，月工资会有5000日元的涨薪，然而这也完全达不到招聘广告上说的“年收入360万日元”。和代虽然有这样的疑问，但作为新员工，她担心如果和社长抱怨会被炒鱿鱼。她就什么也没说，埋头工作。

入职一段时间之后，和代都是从家里开车1小时去上班。但是每天半夜12点、1点回家成了家常便饭，睡眠不足，开车很危险。于是，她开始了在公司附近租房的独居生活。这样，就要从每月工资中扣除房租5万日元、电热费1万日元，还有伙食费、电话费等。虽然是年薪制，但也没签劳动合同，年薪里面当然包含着加班费，连工作中使用的通信费也包括其中，所以她的经济状况不能算富裕。在地方上工作，拜访企业必须要用车，然而公司并不给配车，如果用自己的车，在工作中出了故障，修理费也是自己出。虽然公司给支付一点油钱，但是工作量越多超支就越多。这样一来，基本剩不下可以自己支配的钱，节约的话，每个月可以攒3万日元的定期存款。

## 过度工作与工作价值的矛盾

在政府委托事务中，策划、运营面向学生的联合企业说明会等就业相关的活动、研讨会，也成了和代的工作。在联合企业说明会上，必须要召集超过 100 家企业。另外，需要将各企业的介绍免费制成宣传册，还必须要召集学生。在说明会上，她要负责接待，担任咨询员，撰写文案，同时熟悉会计的工作。和代一个人不知干了多少人的工作。

这样的就业活动大多在周日进行，所以，休假的时间就遭到了削减。在活动前后，和代经常半夜一两点才离开公司，早晨 7 点就要去工作。即使这样，作为一个刚刚进入社会一年的新人，和代从来没想过“民间企业就是这么一回事儿啊”。她感到的更多是自豪。她从在县厅工作时抱有的“想要做有责任的工作”的不甘中走出来，有了巨大的飞跃。她最初认为，加班“才像个社会人，很快乐”。

但是，不管怎么加班，因为是年薪制，公司不支付加班费。还是职场新人的和代一心以为“大概就是这样吧”。她在《劳动基准法》等方面的知识十分欠缺，对什么是正确的，什么是错误的，并不清楚。其实，年薪制不过是对法定劳动时间薪资的支付形态，如果确实加班，只要在劳动合同上没有事先规定，根据法律必须支付相应的额外薪资。和代本来是有权利获得加班费的。

即使工作很忙，这份职业也成了和代的精神支柱。通过给前来咨询“希望您能给我介绍工作”的同龄人建议，她亲眼看到那个年轻人不再苦恼，开始工作，她逐渐感到即使工资低，这也是一份很有价值的工作。听到前来造访的人的一句“谢谢”，她不由感到：“在现在的日常生活中，要听到多少‘谢谢’啊！”她要为了他人而加油。这样的心情不知道从什么时候起会减弱吧。但是，为了做这份工作的人，她可以努力。每天，和代都体会着这样新鲜的感动，不知不觉产生了这样的职业理想——为改善本地的雇佣状况出份力。

如何能让到东京工作的大学生回归老家？如何能让年轻人和企业匹配，降低离职率？如何能活跃地区经济，产生稳定的就业？如何能让女性结婚生子后持续工作？和代向所有人提出这些问题，并一直在思考有没有好的方法。不仅大城市里有劳动者，然而，地方却一直被忽略，这让她感到很郁闷。

就业形势有所改善以后，应届生录用呈现出了和泡沫经济时期一样的活跃状况，然而地方的雇佣形势依然严峻。特别是在北关东地区，1993 年 5 月的有效求人倍率为 1.00，2007 年 4 月为 1.03，在这 13 年 11 个月期间，有效求人倍率不达 1.00 的县也是有的。正因如此，不管怎样，和代认为派遣公司和自己的工作是保护本地就业的，不管多忙，她都可以埋头工作。

### 即使工作到身体垮掉

社长把重大的工作交给像和代一样年轻有为的员工，虽然一方面给他们干劲和责任来提高积极性，但另一方面并没有想着给他们足够的薪水。

工资基本没怎么上升，但是工作量和责任却越来越大。和代回过神来发现，每天都留在办公室加班到深夜。果然，她开始出现过劳的症状，身体免疫力低下。有一天，她开始尿血，在洗手间里看到全是血的便器时，被自己身体里排出的血吓得不轻，转眼间脸色发白，倒在地上。

这样的事情不只和代一个人经历过。在职场中，有因工作过度患上抑郁症而无法来工作的女性前辈；也有身体突然出现问题被抬上救护车的前辈；还有工作到凌晨，牺牲了家庭生活，最后离婚的女性员工。干到这种地步的工作算怎么回事儿？和代想，自己会不会也什么时候就身体不行了，可能精神也垮了？

厚生劳动省 2007 年度“精神障碍等相关的工伤”的申请共有 952 件，比上年度增加 133 件（16.2%）。其中，30—39 岁的申请件数最多，有 340 件，占全部申请件数的 35.7%，比上年增加 20.1%。20—29 岁的申请件数位居第三，有 203 件。如果考虑到提出精神障碍申请的人只是冰山一角，这绝对不是与己无关的事情。

巨大的不安感向和代袭来。

即使如此，这依然是一份有价值的工作。虽然收入谈不上高，但也不是不够生活。因为被委任了很重要的工作，对自己的成长也是有帮助的，她心中的天平在继续工作和辞职之间不断摇摆。

“一旦踏入了这个行业，就很难抽身了……”

无论如何，对和代来说，都是对工作的热情以及对自己所负责的人的责任感胜出。一旦和人打起交道来，工作就很难停下来。

只不过，和代冷静思考了自己所处的状况，虽说是正式员工，不安感也萦绕心头。社长刚愎自用，喜欢奉承自己的员工，讨厌和自己意见相左的员工。曾经是社长智囊的男部长，有一次对社长提出忠告，第二个月的工资就从 50 万日元降到 20 万日元。那位员工家有还在上高中的女儿，他表示这样下去无法生活，只能从公司辞职。由于雇佣合同是按月签订，派遣员工处在不安之中，然而在这家新兴产业的公司里，正式员工也是一样的感觉。老板十分独裁，经常用突然的降职和降薪把员工逼到辞职。

2006 年 3 月，和代开始对这样的社长感到疑惑。在定期进行的考核谈话中，社长若无其事地对她说："你啊，作为女员工，工资还算不错了。女的无论如何都会结婚、辞职，我无意投资。"

对于社长荒谬的言论，和代忍不住想："这么说的话，就算工作到身体垮掉，现在的 250 万日元年薪也是涨不上去了？在这样的社长的管理下工作，无论多么努力，我的收入也是绝对涨不上去的。"虽然现在是正式员工，但是一结婚就到了期限。总是让她工作，但是基本没有涨薪。这不是用后即弃吗？和代感到，要认真考虑辞职了。

在地方上，女性在跳槽时，往往随着年龄增长而更难被录用。如果是已婚已育，她们可以说再也无法成为正式员工。在女性求职的时候，雇佣方讨厌结婚生子的风险，所以她们很难被录用。从地方的雇佣情况来看，即使有正式工的职位，也仅限于销售、医药信息负责人、系统工程师这几类职位。另外，就是作为派遣员工工作，或者只能做超市收银之类的零工。熟知地方雇佣情况的和代下定决心，既然要跳槽，就要在二十七八岁之前跳。

环顾公司内部，和代入职公司的 3 年间，讨厌社长独裁作风的正式员工们先后辞职，人员已经换了一半，和代已经是公司的老人了。负责销售的员工的离职，对于公司来说是很大的打击。随着员工减少，和代的工作也在增加。而且，由于过劳，她的身体免疫力低下，频繁患上膀胱炎，治好以后又勉强工作，然后又得病。

辞职的不仅是正式员工。在公司登记的派遣员工也从和代入职时的 1000 人，减少到了 300 人。于是，一旦客户企业发出派遣员工的需求，公司就会陷入无人可派的局面。当时，公司表示"只要有空，谁都可以"，把作为正式员工入职的刚高中毕业的公司新人，假装成派遣员工送到了工厂现场。

为了填补离职员工留下的空缺，公司在 2006 年春季开始增加应届生的聘用。前辈员工没有指导新员工的余力，于是，新员工刚入职就要去和企业的人事部打交道。接受派遣登记人员咨询的时候，有的年轻员工表现很傲慢。他们作为负责人，对派遣地的业务内容和工作氛围不认真调查；对登记人员随意敷衍，像和朋友讲话一样介绍说："这是很好的公司哦。"

"对待派遣员工如同走过场一般，实在无法理解这是怎样一家派遣公司。民间企业必须追求利益。但是，作为一家人才行业的公司，也不能忘记自己有可能左右一个人的人生啊。"和代逐渐无法隐藏自己的愤怒了。

公司失去了信用，无法获得新业务，业绩下滑。2005 年开始，公司主页上显示业绩发展的图表被删除，甚至连员工都无从得知公司的业绩了。如雨后春笋一般、乘着时代的大潮想要获利而出现的新型派遣公司之中，有一些不把员工当人看，仅把他们当作产生利润的棋子。社长某种程度上通过“抽成生意”中饱私囊后，公司停业。到了最后，犹豫辞不辞职的和代想：“即使继续在这公司待下去，也不会有未来。即使是正式员工，拿着勉强糊口的工资，只要能工作公司就不断让你工作。这样的话，正式员工不就是个名义吗？”

2007 年春天，和代为过度工作和工作价值之间的两难局面打上了休止符，她辞去了派遣公司的工作，转身加入了另一个行业。

# 2. 24小时销售管理

## 入职3个月成为组长

“虽然升职后责任增加了，但工资还是没变。睡不了一会儿就开始工作，工作到马上快要病倒了，但还是被降薪，比刚来公司时的工资还低。我想着这样下去身心都会崩溃，无法恢复。”

木村太一（化名，33岁）1999年3月毕业于日本著名高校庆应义塾大学，在第二份工作时第一次成为正式员工，在一家以“超便宜”而出名的大卖场工作。

太一上大学的时候，希望去媒体工作，求职时主要关注被称为“核心局”的几家位于东京的广播电视台以及各大报社。

太一喜欢用电子产品收集信息，发挥这一技能，他将火灾、自然灾害现场用数码摄像机捕捉下来，以此为契机，他立志走记者之路。他拍摄的影像也曾经被电视台采用过。在媒体的用人考试中，他进入过终面，但是最后的结果都是不予录用。毕业后，他被一家现场发布灾害信息的初创企业录用为合同工，月工资税前大概 25 万日元。太一深感，发生自然灾害的时候，现场最需要的就是信息，所以对他来说，他的职业理想和公司的工作内容一致。

由于公司有 24 小时、365 日发布灾害信息的方针，太一被指派负责设立手机邮件发布服务，成为发布中心负责人。太一制定了构建维护网络的预算，根据他的判断，雇用了系统工程师以及从事发布服务的人员，建立起 10 人的 24 小时应对机制。制定轮班表也是太一的工作职责。当然，太一也要参加轮班。原则上轮班是一天 8 小时，然而如果发生什么事件、大的灾害，作为负责人的太一必须寸步不离，夜不能寐，实时发布新闻。另外，公司还让他负责人才培养工作。他无法休息，不得不工作，睡觉也在公司，工作方式变成了 24 小时、365 日。工作一年多以后，有时候他回到家睡三四小时后想要去工作，却感到身体很重无法动弹。不久，他患上了植物神经紊乱。

到了 2002 年 1 月，由于过劳，他变得不想上班。早上睁开眼，勉强从床上爬起来，到了公司，打开电脑一查电子邮箱，收到 500 封未读邮件，看着看着邮件，身体又没法儿动了。最后他病倒了，月底辞去了工作。

离职后，太一的身体陷入无法动弹的状态，不久后就回到了东北地区的老家，进行康复训练，同时休养。医院也去了几家，找医生诊断，却查不出为什么身体动不了，这让他倍感焦虑。自从回了家，不知道是不是出于压力，他对父母的态度也很刻薄。太一感到

“再这样下去，就要成了‘家里蹲’了”，为了从这样的状态中脱离出来，他到东京知名的东洋医院看了半年病。

身心状态恢复之后，正想着“不能就这样待在家里了”的时候，他看到了附近大卖场的招聘。招聘启事上写着“进入公司 3 个月后可以作为组长接手现场工作”，这是以干部候补为前提的招聘。他虽然想着“零售业是完全不同的领域”，但是之前在发布中心做的培育新人的工作也很有趣，这让他对这份工作来了兴趣。听了公司的介绍后，他了解到一个店铺平均有 7 个组长，组长在负责的商品部门有预算、进货、设置卖场、招聘的全部权力。太一想：“有预算权的话，还是很有意思的。感觉这是一次从零开始的机会，试试看吧。”虽然没有待客服务的经验，但是考虑到这是一次不错的机会，他心思一转，2002 年秋天开始在大卖场再次出发。对太一来说，这也是他第一次成为正式员工。

### 管理职位的责任

太一被分配到神奈川县的一处店铺工作，负责电器器具。他本来就很擅长信息技术相关内容，可以从配件开始组装电脑，这样的工作分配非常适合他。在 2002 年的秋天，当时 2003 年 3 月毕业生的求职季已经结束，大学毕业生就业率跌到史上最低的 55.1%，是破纪录的就业难的一年。太一强烈地感受到，在经济持续不景气的情况下，即使毕业于所谓的一流大学，也不一定能到优秀的企业就职。对于太一而言，他之前身体垮掉，感到人生跌到了低谷，现在能够确定再就业的地方，简直没有比这更开心的事儿了，太一的父母看到儿子虽然没有正式员工经验，身体还不太健康，却能成为正式员工，也安下心来。

太一的工作待遇是年薪制，开始的年收入是420万日元。职位从“店员”开始，成为组长（卖场负责人）后，逐渐权力扩大，可以升至“主管”“高级主管”“店铺总管”。在当了3个月的店员后，太一成了主管。这之后，他开始有进货的权限，责任也增加了，但是收入却没有变化。

太一在卖场管理视频音频机器、厨房家电、干电池、电灯等普通电器零件。他认为“对零件部门不可大意”，专注于商品订购和货场的整理。经典商品库存卖不完，不能让库存过剩，所以对太一来说，密切保持和制造商的销售负责人的联系并适时进货，非常重要。另外，后台工作中仓库的整理很重要，因为卖场中用的是压缩陈列，看过样品的客户请店员拿出商品来，如果不及时从仓库里拿出来的话，卖掉商品的机会就会溜走。店员一听到客户的要求，就要跑着去取商品。这时，如果仓库不管理整齐的话，卖场就无法营利。如果被打工的店员问到“某某商品在仓库的哪个位置”，就是正式员工的失职。太一努力做到在卖场销售的同时，全面管理仓库。

夏天，像桑拿房一样的仓库中，一半时间的工作状态都是一边大汗淋漓，一边大声叫喊“把这个箱子摆好”，“像那边一样排起来”——进货的箱子要按照原样在仓库里摞起来。由于停车场的原因，运货货车可以进入的时间是傍晚 6 点前。交货结束不了，最后店长也来帮忙，把商品往仓库里堆，所以之后少不了一顿整理。一些店铺的仓库和货车之间没有屋檐，那便要进行“露天交货”，下雨的日子，有时候即使盖上塑料膜也难以全部覆盖货物，雨水浸湿了商品。在雨天交货时，店员容易全身湿透。

主管有进货的权限，作为负责人本可以根据店铺商品的销路自由订货，然而自从太一成为主管之后，公司总部一次性购买的大量商品突然到了他的店里。原因是，竞争对手在附近开了一家家电商场，太一所在的店铺就要陷入价格竞争，于是总部不得不一次性大量进货，便宜出售。手机邮件收到通知，商品管理部收到发票后，壁挂式风扇 300 个、录像机 100 个、流水素面机 500 个、章鱼烧机 1000 个——这些无法预计的商品就不断送来了。“真能卖出去吗？”虽然有这样的疑问，但也必须要卖。为了处理总部送来的商品，夏天的仓库成了战场。

冬天的卖场更是忙碌。圣诞、新年等活动很多，因为节日用品卖得很快，很多顾客购物车都堆得满满的。店里进货量是平时的 1.5—2 倍，商品一多，架子和天花板之间的“天棚”都堆不下了，顾客一说想看某样商品，太一就要跑去仓库拿，但是由于仓库里物品随便堆放，找到顾客要的商品要费一番功夫，好不容易拿到商品，往楼梯上一跑，腰腿都在发颤。打工店员即使往仓库跑，也无法找到商品，还要呼叫太一，太一再跑去仓库，这样跑来跑去，反反复复。

另外，和时间作战的仓库中，店员有时直接踩着物流台车上的箱子去拿摆在高处的商品，所以商品破损多有发生，这就是为什么冬季卖场中有关商品破损的投诉会增多。但是，在销售额全国前五的店铺中，只要销量好就可以，大家对商品破损大多处于默认的状态。正常情况下，负责零配件的太一要管理 300 多件商品。

冬季有圣诞、除夕的倒计时，新年第一次寺庙参拜的活动，到店里来的和太一同龄的男女们成双成对。太一看情侣们开心地走在一起，多少感到有些羡慕。20 岁后半段的太一也想，如果有了恋人可以休息日一起约会，然后到了 30 岁左右结婚，然而每天都泡在工作中。因为过于忙碌而无法约会，即使开始约会，也无法谈到关系很深的状态，没有办法一起相处。说起来，是连寻找约会对象的时间都没有。

国立社会保障和人口问题研究所在 2005 年 6 月进行了“第 13 回出生动向基本调查”（有关结婚生子的全国调查）。调查向 18—34 岁的未婚男女询问结婚意愿，回答“打算结婚”的男性有 87%，女性达 90% 以上。另外，关于未婚者目前处在单身状态的理由，18—24 岁的人表示“不结婚”的理由当中引人注目的回答有：“还年轻”（男性理由的首位），“没感到必要”（女性理由的首位），“想要专注于工作（学业）”，“想要享受兴趣和娱乐”，“不想失去自由”，显示出年轻群体中婚姻观的多样化。然而，25—34 岁人群中，25 岁以下者列出的这些理由数量陡然下降，表示“无法结婚”的理由中，男女共同的第一位是“遇不到合适的对象”。“遇不到合适的对象”的背景中，可能有相亲结婚的减少、公司福利制度减少导致的同事关系变淡、职场婚姻减少等社会的变化，但是长时间工作的因素也影响很大。特别是像零售业，正式员工少、非正式员工占多数的店铺运营中，正式员工的责任变大，长时间工作无法避免。

由于店铺是 24 小时营业，轮班分为早班（上午 9 点到晚上 9 点）和晚班（晚上 9 点到第二天上午 9 点）。高级主管上下午 3 点到晚上 11 点的中班，所以太一上早班时到高级主管上班前整理卖场，到了晚上和夜班交接工作。晚上 9 点交接后进行商品订购，然而实际上 9 点业务无法结束，顾客有问题必须回应。如果被打工店员不断呼叫“我不知道商品在哪里，麻烦您去趟仓库”，一不留神就加班到深夜 1 点半。一般来说，他要在店里奔走到半夜 12 点，才能喘口气发送日报邮件，到了深夜 1 点半终于结束一天的工作。吃饭就用店里的快餐搞定，深夜 2 点回到家洗个澡，第二天早晨再去上班。当店员的时候每周还有两天可以休息，成为主管后每周被迫只能休息一天。排班表定好后，没有排班的时间就是自己的休息日。然而打工店员如果突然休息，自己就需要代班，一个月的休息日大概只有一天。

## 放眼望去，同期入职的人都不见了

醉心工作虽是好事，但不一定什么时候，身体可能就会再次陷入不明原因的僵硬状态。太一没有加班费，每个月 30 万日元的工资大部分都花在了按摩上，基本没有储蓄。

加入公司两年半后，太一升职为高级主管，担任副店长。他被调往另一家店铺。这家店和他之前工作的地方完全不同，营业额在公司里可以说得上是倒数。新的店铺中，一天连一到两名正式员工都分配不上。太一原本的商品战略是专门负责某种类型的产品，然而现在要同时负责电器和服装，也会销售自己不熟悉的名牌包。由于收银台出了麻烦就要跑过去处理，店里面经常出现没有店员的情况，于是偷窃的情况多发。销售额同上年比没有超过 100%，而是跌到 90%。一年两次盘点发现，店里面偷窃和破损造成的商品耗损很多，这部分要从奖金中扣除。升职后本来应该是有职责奖金的，然而现在变成了扣除，月收入连本来可以到手的 29 万日元都拿不到，只能拿到 25 万日元。在进入公司时，年收入有 420 万日元，现在降到了 400 万日元。转到其他店铺，如果业绩好的话也能有年收入 650 万日元的时候，然而根据被分配到的店铺，运气的好坏，收入有很大的变动。

冷静下来环顾四周，没有人可以在公司继续留下来干到 40 岁。和太一同时入职的人当中，现在只剩下他自己。考虑到将来，即使成为店长，到了不进行采购的卖场中还要去接待客人，和现在的工作基本没有变化。

“就这样一直当售货员，每个月也只能休息一天。这样下去，还能继续吗？”

有了这个强烈的疑问后，他听到了一个消息，在一家盘点中没有损耗、与前年相比业绩上涨的店铺中，正式员工的奖金却减少了。虽然鼓励实力主义，但是努力的结果也反映不出来，究竟以什么为目标而努力才可以呢？说不清的不安在公司内部蔓延，很多员工离职。太一的不安也在加剧，在睡眠不足的状态下一整天四处奔走的工作能干到多少岁？是不是身体又要垮掉了？

2007 年 4 月，太一从大型零售店辞职，他想着看到了雇佣改善的兆头，这是跳槽的最后机会了。太一灵活运用从 3 岁开始学习的英语，跳槽到了一家美资专业商社。

# 3. 把就业当作生意

## 就业服务

“笔记本电脑，这么热啊。”

时钟不知不觉已经指向了深夜 3 点。冬天，东京市内的大型就业服务公司中，已经没有人影的办公室内，“啪嗒啪嗒”敲击电脑键盘的声音显得格外大，杉本春奈（化名，26 岁）想着快到时间了，停止了打字，突然抱起了笔记本电脑。

2005 年 4 月，像自己希望的那样，春奈入职这家就业服务公司后被分配到了策划编辑部。她的工作是策划、运营公司“导航”就业服务网站的内容，为其他公司策划入职介绍、手册，主页制作以及组织招聘活动的方法。

由于这家公司没有处理杂务的普通职位，新入职员工要做的，主要就是早晨早点来公司补充打印机用纸、整理报纸这样的一般事务性工作。一开始的一两个月，上司、前辈都会让她早点回家，她可以在合乎常理的工作时间下班。之后，有人和她说“这是你的工作，干干试试”，她就困惑着一边看一边模仿，开始了策划书的制作。到了傍晚，周围的前辈还在为自己的工作努力，充满杀气，到了晚上 8 点，她终于可以根据前辈的样子和心情，询问工作的开展方法。

在春奈和上司交流的过程中，一家金融机构发来了“请为我们考虑下如何锁定学生中的优秀人才”的需求，这家金融机构的工作就被交给了春奈。她回想起不久之前学生时代的自己，想到“自觉性很高的学生，往往不擅长同大企业职员对话，进行自我启发型商业训练”，提出了这样一个项目方案：制作一个以商学院为形式的学生会员特别网站。网站建起来以后，会员不断增加，评价非常好，吸引了其他的大厂家加入商学院。工作顺利上手之后，春奈感受到了自己工作的价值。入职 6 个月之后，她有了自己负责的企业客户，工作量逐渐增加。

春奈周旋于公司销售负责人和客户之间，听取各方面信息，比如主页、活动、公司介绍、招聘活动的重点等，根据需求进行提案：“主页是这个时间上线，活动就在这个时间进行吧。”“根据主页的设计来制作明信片吧。”需要制作的内容多了，就可以追加编辑费用。她根据招聘活动的时机来考虑方案，学会拿下客户的方法。客户的人事负责人也对顺着就业服务公司计划的招聘活动路线走感到安心，所以要对客户进行心理战，尽量把一年内的工作都串联起来介绍。这是她从前辈和上司那里学习到的。

比如，一年的工作周期是这样的：春天先以大三学生为对象，号召他们参加以大型企业为中心的“求职准备讲座”，开展他们和已签约学生的交流会。到了5月，开始“预先导航”的活动，招聘实习生，这一活动瞄准的是提供实习机会的有经济实力的企业，锁定上进心强的学生；进入暑假，学生开始实习。秋天开展真正的“导航”活动，这时一般性的求职活动开始，顾客激增，春奈的公司要着手进行基本的主页制作和企业介绍制作，并于12月登载面向学生的前辈新闻，开始招聘活动。大企业发出口头或者正式用人通知后，中小企业开始招收没被大企业录用的大四学生，春奈的工作目标就转移到了中小企业；另外，他们也会收到已经被录用的学生如“再战一轮”“虽然确定了就业公司，但是这样真的可以吗”一类的问询。这一年的活动势头渐弱之后，重点又转移到了下一年度的大企业招聘——工作就是这样不断循环往复。

### 不是为了学生，而是为了企业

泡沫经济崩溃后，大批中老年职员被裁员，那时人才行业接手了再就业服务（猎头）的业务。在通货紧缩、经济萧条中得以幸存的企业果断实行结构性改革，企业筛选业务、削减人力费用以及暂缓招聘应届生，导致2000年前后就业冰河期的到来。想要削减人力费用的企业展开了正式员工派遣化的经营攻势，这样的形势也波及了年轻人。于是，社会上注意到非正规雇佣化过了头，开始产生关于年轻人群的非正规雇佣化、社会贫富差距问题的舆论，人才行业便开展支援年轻人就业的启发性研讨、咨询，介绍预定派遣，应届生招聘、正规雇佣一恢复起来，便需要进行人才介绍业务。市场在这样的时代和需求下产生，派遣公司、人才介绍公司、广告公司、出版社、信息技术业、非营利机构法人等各种行业都参与到就业服务中，各公司的业绩不断上涨，一家公司的销售额就可达到数百亿、数千亿日元的规模。

不过，春奈从事的就业服务公司的工作，与入职前印象中的“为学生提供帮助”不同，其实是为企业服务，而且只是为了自家公司从其他企业获得销售额而服务。实际上，这份工作看重的并不是学生。

上司总是表现出“客户就是上帝”的姿态，这还是能看得过去的。一旦和销售负责人一起工作就会发现，与客户间的强弱关系非常露骨，对工作产生影响。销售业务员使用的语言比起策划编辑部的上司，更是谦逊再谦逊。不论客户说什么，他们都表示“正如您所言”。听到这样的对话，春奈痛感，自己的公司不过是面对着“想把学生招来”的客户的推销员。

求职中的学生经常访问的著名网站“大家的求职活动日记”中，一出现一点负面的内容，企业就会拼命提出“形象提升”的要求。有时客户也会要求他们当托儿，在网站上发布内容。客户还会向销售员打听他们负责的其他公司的招聘活动计划。销售员对于客户提出的无理过分的要求，也会笑着回答：“全部可以做到。”

近距离看到这样的招聘活动的幕后，春奈不由感到“就业服务与其说在学生和企业之间起联结作用，不如说就是为了企业而工作”。此外，实际上客户为了能够在每年的“人气就业公司排行榜”中取得较好名次，花钱如流水，因为要提升企业的形象。

为了提高企业的名次，需要将企业吸引人的点在合适的时机用适当的方法向学生进行宣传。制作学生喜欢的主页自不必说，向学生发放的企业介绍手册，设计比内容更重要。为了提高学生对企业的好感度，还会召开被录用学生的研讨会等。企业的投资是全方位的。特别是能够和学生直接接触的共同说明会等活动上，简直可以说是“金钱涌动”。

首先，能在共同说明会上占有一席之地就需要花钱。是否能够在现场发放的圆珠笔、纸袋等纪念品上印上自己公司的名字，也需要资金发挥作用。即使是学生不注意的各个方面都有金钱的作用。在活动召开的时候，客户向就业服务公司支付费用，让自己的公司名字更醒目点需要 5000 万日元，就业活动网站上登载客户公司的标志需要数百万日元。制作一本手册，一页的设计就需要 30 万日元。自学的非专业人士也可以制作“企业介绍、人事之声、报名受理、链接”这样简单的网站，制作费为 100 万到 200 万日元，成本和售价差别巨大。就业服务公司还要赶紧追问“要不要再提升一下主页”，以摄影费等名义，不断追加收费。签订年度合同，包括从招聘准备到录用者跟进，有的企业在 2007 年一年的招聘中就耗费数亿日元。春奈感叹自己的公司“真是贪得无厌的商家啊”。

春奈做好了“不能只做自己喜欢的工作”的心理准备，然而，用“和贵社相比，其他的公司还做了这些”这样的言辞来煽动客户，让他们多付钱，这样的做法让她感到矛盾，压力倍增。春奈原本光滑的脸上长满了粉刺。

## 高工资及其代价

进入公司一年多，春奈已经明白了一年周期内的工作方法。春奈负责官方网站和商学院网站，入职第二年的5月小长假是第一次收稿的高潮。整理上一年度的讲座内容，采访大企业的人事负责人和实习学生并整理出来，春奈在5月黄金周一直在校对。收稿期间，她留在公司写稿到深夜，凌晨打车回家后冲个澡换上衣服，马上又要去公司，完全没有睡觉的时间。仅靠毅力和意志在支撑的春奈突然感到：“只是这样忙忙碌碌地工作，我的人生算怎么一回事儿啊？”

因为身心太过疲劳，春奈不经意间也在公司嗷嗷叫苦，大哭大闹。这时，上司和前辈也会像亲人一样过来问问情况。她重振精神接着工作，然而经常是工作刚搞定，销售员就从客户那里听到了无理要求，又要重做。已经定稿后本来只剩最终确认了，突然又收到“客户对照片不满意”的反馈，要推倒重来。计划是从预算到收支都考虑好后做的，然而最终阶段突然发生变化，导致收益减少。销售部越过与编辑部职责上的界限，而且销售部占上风，导致春奈的焦虑越来越严重。

即使这样，也不得不干。如果考虑到工作效率的话，设计师第二天早晨到公司之前，必须要准备好文章和照片等素材。不管是到了深夜还是第二天早上，都不得不把工作干完。时间一下就过去了，留在公司的人也越来越少。冬天，没人的公司变得很冷，春奈时常一不留神，抱着笔记本电脑就睡着了，每当这时，人还能被电脑的温度治愈。另外能让她感到安慰的是，她并不是一直伏案进行事务性工作，白天经常去企业采访，即使再怎么加班，也可以转换一下心情。

每天都是如此，周六也是像理所应当一样去上班。然而，加班费一律每月 3 万日元，到手工资 23 万日元。工资总额对新人来说确实可能还不错，但是代价是巨大的，因为基本没有自己的时间。手机响了，连接电话的时间也没有，回复邮件的空闲也没有。偶尔周六有时间，和朋友去岩盘浴汗蒸，却在平时 10 分钟也忍不了的酷热中睡了过去，直到被朋友叫起来才清醒过来，累到不行。

从春奈的家到公司通勤时间大概一个半小时，然而，她并没有考虑过搬到离公司更近的地方。春奈和母亲两人一起生活。父母在她大学时离婚，她不想让母亲一个人住，所以忍受着长时间的通勤。只要是体力还行，她就可以忍受。春奈从小练习长距离游泳，体力好，可以承受繁重的工作。但是她烦恼的是工作给她带来的良心的谴责，在精神上受不了。母亲也感到担心：“这工作还是辞了吧。”

虽然如此，工作还是一直继续着。一个项目还没结束，就要为下一个项目做准备。从预算开始制作策划方案，做过的项目都带来了利润，结果还不错。春奈对“工作”本身的积极性和价值感还是保持了下来。

春奈想了想，求职活动，就是企业用各自的想法，在一年的时间中诱骗学生。自己所在的行业，煽动人们的不安，创造出可有可无的业务，结果把学生变得机器人化，这不是本来也可以没有的产业吗？她无法理解自己的公司和工作存在的意义。即使就业服务事业如火如荼，市场扩大，“七五三”的现象依然存在——初中毕业者的七成、高中毕业者的五成、大学毕业者的三成在入职三年以内即离职，年轻人群的早期离职的现象依然没有得到改善。

至今春奈采访到的，在“员工声音”中出现的人当中，很多都是企业的顶级员工，对于企业来说，他们就是招牌。然而，春奈采访过的宣传自己是“女性友好职场”的金融机构里，女性员工生子后被调岗、降职的情况多有发生。春奈觉悟道：“看了各种各样的公司，听到了各种各样公司的公关。然而，不管在什么样的公司，基本没有女性生子后还能在之前的岗位上继续工作。”

不管是什么样的大企业，福利再怎么充足，对女性都是不利的。这样的话，自己还是找到一份真正热爱的工作，独立比较好。

随着这样的想法越发强烈，春奈决定离职。她想办法挤出时间自学了蔬菜营养师，取得了资格证，在2006年冬天转到了一家蔬果行业的商社工作。到市场去，混在菜农大叔中坐到货车里，自己发现研修的机会，利用休息日到地方上的农场去体验农业，这和春奈之前“煽动不安，创造需求”的就业服务公司的工作大有不同。她不由得感到创造农产物的世界非常健康。她每个月到手的收入大概为 16 万日元，虽然比以前减少了五六万日元，但是她对这份“脚踏实地的工作”感到开心。最近，除了公司的工作，她也在讲习班中担任饮食相关的讲师，她的目标是成为自由职业者，“将来，即使有了孩子，也想要继续工作”。

# 4. 不涨的工资

## 寻求可以让人安心的生活

2006年，在WORLD时装公司的销售子公司WORLD STORE PARTNERS兼职、打工的6000人中，大约有5000人转为了正式员工，这条服装业的大新闻至今让人记忆犹新。接着，2007年3月，优衣库、UNITED ARROWS等知名服装企业也相继宣布，要将兼职、打工店员转为正式员工。优衣库在两年间转正了5000人，UNITED ARROWS在2007年8月转正了2400人，员工转正的规模非常庞大。人气服装业店铺的销售人员中，以前工资低的非正式员工居多，随着经济复苏，雇佣形势改善，人才开始流入其他行业，各公司为了留住人才，积极改善雇佣政策。

然而，虽说是正式员工，但是不少年轻人为了在一线工作也涨不了工资而苦恼，不得不从服装行业离开。

“成为店长后，休息时间也在工作，即使取得不错的成绩，年收入也很难超过600万日元。”

大型服装公司的原店长长谷川直人（化名，31岁），通过严格的考试，从打工店员转为正式员工，后又成为店长。他担任店长期间，曾取得过日本数百家店铺中前五名的成绩。然而，伴随着公司的扩张路线，他对“店铺标准化”产生疑问，2007年春天从公司辞职。

来自东北地区的直人，小时候每天专心踢球。小学时受漫画《足球小将》热潮的影响，他认真考虑过成为一名足球运动员。高中时，他被所在县的足球队选中，希望在毕业后可以成为专业运动员，因而参加了日本职业足球联赛的专业测试。然而，高三那年的12月下旬，测试全都没有通过。一直以成为职业足球运动员为目标直线般前进的直人，站到了人生的分叉路口，他第一次重新考虑了人生的方向。

由于地方上雇佣环境恶化，他决定参加大学入学考试。然而，他那顽固的父亲表示反对：“足球测试通不过才开始想参加大学入学考试，我不想给这样随便的家伙资助学费。”然而，直人参加了考试并被大学录取，决定进入北关东一家大学的经营学部学习，通过报纸奖学金制度来度过大学生活。报纸奖学金制度是通过配送报纸来获得报酬，还包早饭，每个月到手3.8万日元。

入学后，他晚上10点睡觉，半夜2点起床，在报纸里夹上广告，然后出发送报纸，一直工作到早上6点。冬天一骑摩托车，夜里的寒风吹得皮肤生疼，不过对踢足球锻炼出来的直人来说，体力上并不算辛苦。为了补贴生活费，晚上他也打工，通过在快餐店、咖啡厅、酒吧等场所当服务员以及做家教来养活自己。

大学期间，他也在地方的报纸上发现了由社会人士组成的足球俱乐部，每周练习两次。他无法忘记成为足球运动员的梦想，于是想“即使不能成为体育运动员，到体育用品公司工作也可以”，便围绕体育相关公司开始了求职活动。然而，理想的公司并没有向他发出录用通知。1999 年 3 月的大学毕业生的就业率是 60.1%，正处于就业冰河期。直人没有退缩，在面试了数十家相关企业后，被大学附近地方上的百货商店录用，并分配到了理想中的体育用品卖场。

开始工作后，他马上记住了工作流程，和百货商店中租户的店员的关系也很好。然而 5 月黄金周的时候，他就已经掌握了工作的全部，开始感到不是很满意。平时顾客不多的时候，也没有很多事情可以做，可以把卖场打扫好几遍，然后只能呆呆地站在那里。周六一天的销售额可以达到 20 万到 30 万日元，然而平日仅有 10 万日元的水平。店里卖的商品，并不是专业的体育用品，是哪里都可以买到的运动服、毛巾等，目标顾客广泛而普通。工作内容和学生时代打工时做的没什么两样。公司的职员们只会聊“下次休息日有什么打算”这样的话题。

“这样下去可以吗？”不安向他袭来。

直人刚入职时的基本工资是每月 18 万日元，到手 14 万日元。他想着“工作第一年的收入大概就这样吧”，对收入没有什么不满。考虑到工作的内容产生不了什么附加价值，他感觉这样的收入水平是合适的。他想到朋友在老家的汽车销售店做销售，却一台车也没卖出去，被公司强迫在买车与辞职中做选择，被逼到辞职，所以自己还算幸运。然而，直人打定主意换工作，是在得知32岁的卖场主任每月工资到手18万日元的时候。他感到了焦虑，“如果到了30岁工资还那么低的话，到了结婚生子的时候就会很难过”。而且，在地方上，一个已经工作的人需要有车。因为买车每个月需要还3万日元的贷款，再付5万日元的房租，到手的14万日元经常不够花。他不断取出学生时代存下的100万日元，到了第二年夏天，余额就只有30万日元了。

“不管怎样跳槽吧。”

2000年8月末，直人气势汹汹地辞职了。虽然他也想过在有工作的时候确定下一份工作，但是一送出简历后，突然就会被叫去面试。从小受到严格的父亲的影响，他不想翘班去面试。

从公司辞了职，他说：“我真的想过要不要回老家。”为了告诉家人自己离职的消息，一到9月他就回到了老家。回去以后，母亲操着令人怀念的东北口音说：“大家都说你自己挣学费，找到靠谱的工作，是令父亲骄傲的儿子，了不起的儿子。”附近同级的同学即使大学毕业也是在当地的工厂当派遣员工，每个月大概挣10万日元。或者也有不少从小一起长大的人，现在白天就泡在小钢珠店赌博。听到了母亲的这番话，“从公司辞职”这话他可说不出口。从家里回到公寓后，直人开始找工作。

不管怎么样要先挣钱。直人认为，比起收入，工作更应该有完善的社会保险。在求职过程中，也不知道什么时候可能得病、受伤。这时，他碰巧发现了距自己公寓步行 5 分钟的大型服装店招聘打工店员的广告，时薪 1000 日元，这周围的行情是时薪 800 日元。而且这份工作是合同为期 6 个月的定期雇佣，提供完备的社会保险，公司也说会认真支付加班费。直人得到了录用，从秋天开始作为打工职员，开始了工作。

## 获得很高的评价

到进入公司的第二年 1 月为止，直人每天的轮班时长是 13—14 小时。早晨 7 点上班拿出商品、接待顾客、打扫卫生，营业结束后整理商品、补充商品，工作到夜里 11 点，每个月工资大概有 30 万日元。只要工作，就会根据工作量获得工资，直人感到非常开心。虽然店里有营业额目标，但工作人员没有业绩额的压力，所以就没有精神上的不安和压迫感。对照着自我评价和店长评价，打钩或者画叉，自我评价和店长评价不一致的情况下，会针对不一致的理由进行谈话。评价变成积分，时薪以 50 日元为单位上涨，涨薪 100 日元后可以进行笔试。打工店员大概分为三个等级，等级上升就为成为正式员工开辟了道路。当时，最高的时薪是 1300 日元。第一级员工是业务的初学者，第二级员工可以向初学者教授缝纫机的使用和收银，第三级员工就可以向“代理店长”这样的管理职位转变。成为第三级员工后，就会被委任指导店员、管理人力费用等经费和商品、订货等工作，有了参加公司正式员工录取考试的资格。从二级到三级的机会每三个月有一次，正式录用考试每半年举行一次，在公司的社会招聘考试合格后，便能够和应届生社员一起参加研修。

2002年，直人升职为代理店长。在成为代理店长之前，他听说“因为店长调动，前任店长和后来的店长评价标准不同，所以他升职晚了”。由于店长不同，考核中会掺入主观因素，时常会出现前一个店长打钩，后一个店长打叉的情况。那会儿，他的工资每个月平均有17万日元，在天数少的2月，收入也会少几万日元，他想着应该为这样的不安定画上休止符了。到了25岁，身边的朋友有人结婚了，他想：“自己就这样当小时工能行吗？下次考核不合格的话就辞职吧。”在接下来的考核中，他升职为代理店长，取得正式员工录用考试的资格，在几个月后的考试中得到了店长资格。店长也分为三个等级，直人表示：“根据不同的等级，店长的基本工资也不同，固定收入为25万到35万日元，没有加班费，退休金制度是固定缴纳养老金。”

从2003年直人担任店长开始，基本上就没有办法休假。周六日店里客人很多，必须出勤。周五为周六日做准备，也必须出勤。周一根据周六日的销售额状况来计划重整卖场，周二重整完卖场，并安排商品确认和下单业务，这样一来，可以休息的就只剩周三和周四了。然而如果周二下单的商品无法按时间到货，他不敢怠慢，周三、周四也会来上班。原则上是休息，但是店长都要加班。特别是，周五、周六各县会有1—3位区域经理在各店铺巡视，因此周六要认真检查卖场有没有做好。卖场如果没有打造成“大卖的样子”，就会被严格逼问，那之前的周三、周四必须要进行现场管理。所以，即使出勤簿上写着休息，店长也需要出勤。

上司来检查不是休息日上班唯一的理由。店长的考核和奖金由店铺的营业额和利润、部下教育以及人力费用管理等方面决定，这些都造成了店长的无偿工作。店长本来就是一个不用领加班费，只有固定工资的职位。回头看过去当店长时的工作，直人表示：“增加店员的话，人力费用就会增加，只要自己一直工作、尽力忍耐的话，就可以不压缩经费而解决问题。和奖金有关的店长评定，根据销售额、利润、部下的培养等个人目标分为 A 到 D 四个等级。考核会根据营业额、利润达到了计划的百分比来评定。在综合考核中获得 A 级评价，奖金可以拿到基本工资的两倍，B 级评价是 1.5 倍，C 级评价是 1 倍，D 级评价是 0.5 倍。由于没有加班费，基本工资也是固定的，所以只能靠奖金来增加收入。想要在考核中提高自己的评级，控制人力费是一个巨大的课题。”

直人第一次担任店长时，店铺周日的客流量为 700—800 人，相当于每小时 70—80 人。而在卖场工作的店员人数是 7—8 人，相当于每人每小时接待 10 人。接待顾客、收银、改裤脚等各种事情一涌来，就会来不及摆货。摆货做不好的话，顾客找不到想要商品的颜色和尺码，可能就不买了。为了防止这样的情况，店长亲自收银，这样，在没有时间分析商品的销售状况和动向的情况下，只订购库存少的商品，导致库存增加。订货的时候，如果没有去年同一季节在店里工作的正式员工，打工店员也换了人的话，就无法知道去年的动向。一旦下单，如果卖不完的话就会影响营业利润。为了增加销售额，要么增加顾客数量，要么增加每客单价。商品的系列和折扣都由公司总部决定，没有什么其他办法，为了增加顾客人数，有必要分析、重新考虑传单发放地区等策略。然而，公司总部并不重视这样的策略，而是徒劳地进行“人海战术”——比如在淡季，一个店铺用 20 人来经营，旺季一口气再雇用 20 个新人，这还不够的话，再雇用 5 人，目标是根据具体的顾客数量来录用打工店员并进行调整。在这种情况下，店长不得不站在现场，无法动脑，即使如此，直人也还是拼命地继续着一天天的工作。

直人第一年担任店长的时候，在一年一度的店长大赛中，他取得了片区第一的成绩，在全国排名中也进入了前十。正好当时传来了他调动的消息，大多情况下，店长每年都会进行一次调动。但他表达了这样的愿望：“我不太明白自己是如何成为片区第一的，只不过是偶然取得的成功而已。我想在这家店再工作一年，认真制定战略，取得第一位以后再调动。”上司劝他：“如果你下次拿不了第一名，上升通道就会变窄。”然而他拒绝了上司对他调动的问询，决定挑战第二年的店长工作。

到了第二年，他能够明白“这个时期这类商品开始卖得动了”，根据数据订购商品，店员的能力他也可以掌握了，因此在社员管理、工作分配等方面浪费的时间减少了，在卖场打理等工作上迟滞的情况也变少了。为了提高销售额，只能大量进货，大量销售。直人冷静下来，对公司的方针和店铺的状况进行了思考。他追求的是以低成本为核心的运营策略，比起接待客人，他更希望用少量的员工，不接待客人却可以卖得动商品。他把店里的布局、展示和陈列都安排得让客人更容易理解，要“打造像便利店一样的服装店”，将店面分成女装、男装、童装三个区域。店员不是售货员，而是作业员。如果人手不足，就在收银、摆货和接待之间轮流进行。店员摆货的时候要搬运纸箱，即使穿的衣服弄脏了也没关系。店员们的工作状态，和所谓“华丽的服装业”这样的印象相去甚远。

店铺的人员构成是，算上店长只有两名正式员工，其他人都是打工人员。10 月到次年 1 月左右的旺季中，很多店员轮班，从 2 月开始到春天，顾客减少，轮班减少。通过调整雇佣，根据销售额的情况控制人力费用。直人 24 岁的时候是打工店员，情况好的时候排班满，每个月挣 30 万日元；顾客减少、销售额下降的情况下，排班变少，收入就只有三分之一。他回想起来，本来作为公司员工被雇用的打工者合同上的工作时间是 100 个小时，其他的学生打工者每周排班时间不过一两天，每个月的收入只有两三万日元的时候也是有的。一个人生活的直人，曾因为排班减少、收入降低，付不起电气费，只能停了燃气，3 月天还冷的时候就洗冷水澡，到便利店泡方便面吃。收入的不稳定会导致熟练工一个个辞职。

“虽然是打工人，但是不能让他们有这样的感觉。”他要挑战一种和公司方针不同的店铺运营方式，决定不改变店员的人数。

工作人员当中，学生和主妇较多。他计划，以店铺工作收入作为主要收入的店员，不管什么时节，每周都有 40 小时的轮班，以此为基准，实现收入的稳定。由于人力费用增多，直人每周都被区域经理命令减少店员人数，然而他没有让步，表示："店员感到工作的价值之前，没有稳定的收入，工作就无法继续。即使是学生，也必须要拿到可以维持最低程度生活的工资。我想要让店员长期工作下去，保持店铺的稳定。"他向店员请求："自己绝对会保护大家，所以，请给我武器！"他所说的武器，就是销售额。如果人力费用是预算的 110%，但是销售额也达到了 110%，直人的工作就不会被上级抱怨。他说："希望大家思考一下，为了达成 110% 的销售额，我们应该怎么做？"以此提高店员的士气。对一腾出空来就跑过来问"接下来做什么"的店员，直人硬要说："自己去想想。"对于回答"没什么可以做的"的店员，他冷冷地表示："没有的话就给我回家。"这样一来，店员一旦有空，就会自觉整理卖场，打扫卫生，对细节处进行调整。结果，顾客对店铺的印象越来越好。对于店员来说，减少了时间的浪费，营业期间就经常整理好的话，关门后就没必要再整理卖场。直人对用 8 小时完成 10 小时的轮班工作的情况，依然按照 10 小时来认真支付工资。由此一来，店员们的工作效率自然提高了。

直人对自己店长的工作也划定了界限，他不参与收银业务，主要研究战略。因为他考虑到，有必要对店员进行培训，即使没有店长，只有店员们，店铺也可以运营。他指导大家，把顾客少的时候当作培训的时间，在工作间隙，有经验的店员教新人如何使用缝纫机等。只是人数足够，但都不是熟练工的话，现场也转不开。经常雇用一定数量的员工，顾客少时进行培训，为旺季做准备，每个人可以发挥的力量增大，即使人数少，也可以充分运营。

一开始人力费用过多，收支刚刚能够平衡，经过了半年，培训的效果开始显现，反映在了数字上。能够取得好看的数字，地区经理也没什么好抱怨的。即使直人不在，店里也照样运转，所以他可以有休息日，有了分析商品销路的时间，也可以去其他店铺和对手店铺看看。

直人连续两年获得了店长比赛的第一名，在全国拿到前五名。他把拿到的奖金作为临时收入发给了店员。月工作时间 100 小时以上的员工 3 万日元，50—100 小时的 2 万日元，50 小时以下的 1 万日元。奖金一分配下去，员工的积极性就提高了。更重要的是，店员心里产生了作为“第一名”店铺店员的自豪感，努力让工作方式变得更好。

## 工作的魅力

直人找到了作为店长管理的感觉，看到店员们拼命工作的身影，他有了自信，感到努力能够成为数字反映到结果上。只是，他对一到两年短时间内不断地被命令进行跨县调动感到疑问。他被调到东北地区的店铺，在那里也获得了片区第一名，然而一年后又被调往其他县，为开新店做准备。他从零开始建立店铺，招聘打工店员，进行教育培训，开店后仅仅 3 个月，又要被调去其他县的大型店铺。在那家大型店铺中，直人“第一次开始感到店长这个职务没什么意思了”。

公司总部自从开始全力开办大型新店后，店员培训、店铺布局等，全都是根据总部的意见来决定的，所有人员都变得更容易替代了，“店长”的工作没有了。直人本来想这样培训员工：“由于服装业界各家商品类似，所以为了战胜对手顽强生存下来，需要依靠顾客服务。”然而没有实现。店长的工作，就是提升员工的积极性，想办法增加喜欢在店里面工作的店员。所以，公司想要的是雇佣型店长，而不是店主型店长。这让人无法感受到店铺运营的魅力。

公司对外宣称有年收入 1000 万日元的店长，然而大部分店长每个月的收入只有 30 多万日元。根据三菱 UFJ 研究咨询机构的主任研究员小林真一郎的分析，“在接近消费者的服装等流通、零售业中，由于无法定价太高，所以必须无限压缩成本，这就引发了人力费用的削减。不仅仅是非正式社员的比例增加，作为负责人的正式社员的工资也比较稳定”。所以原本收入水平就比较低的服装业，很难期待收入的增长。另外，从业人员在短时间内被调动，伴随着不断的搬家，对未来感到不安。

此时，伴随着应届毕业生招聘的改善，像本节开头讲到的服装业各公司为了留住人才，修改人事制度，非正式员工转为正式员工的动向显著。这种情况的背景是，服装业的销售人员的工资比以前显得更低了。在那之前，经济不景气、消费水平低，整体的用人需求少，服装业还可以确保有销售人员。然而经济形势开始恢复后，其他行业条件良好的用人机会增加，服装业就无法再确保有低收入的销售人员，于是开始将店员转为正式员工。直人的公司也不例外。

对于公司的行动，直人感到放心了："这样一来，店员们的雇佣和收入都可以稳定下来。我一直以来努力做的事情终于被制度化了。"然而，他也指出这样的问题："大学毕业后就成为店长，也要在不断的调动中升职，即使雇佣稳定了，薪水少的情况仍然没有变化，无法期待有较大的晋升。"

即使是店长，年收入也只有 500 万—600 万日元。如果奖金的部分减少的话，收入则低于普通职员的平均年收入。作为店长，无论怎么样提高利润，所获的回报也有限。由于年轻人的雇佣情况恶化，考虑到他们可支配所得减少，企业整体的前景不明朗。

冈三证券的高级分析师森清进行了如下分析：

"消费领域所处的环境很严峻。由于收入增长迟缓（包括中小企业的奖金减少）、原材料费用的高涨、人力费用的上升，以及食品、汽油等生活必需品的价格上升，人们在外吃饭、买衣服等方面的支出受到抑制，消费领域处于一种被三重打击的状态。

"另外，制造业的生产活动停滞，指定工作时间外的劳动也停滞。一方面兼职劳动者增加，至此一直处于上升势头的打工者平均时薪也停止了增长。由于税务负担、奖金减少、收入停滞不前，2007 年上半年开始，由于新店开张等情况，出现了即使营业额有所增长，也要在利润上苦战的倾向。收入水平较高的团块世代退休，收入低的年轻劳动者的构成比例上升，消费的外部环境也可以看到下滑的趋势。

“此外，从休闲服饰专卖店行业的主要 9 家公司来看，2007 年 8 月底合计店铺数量比上年同期增加 10%。2007 年 11 月末的地方创生[1]三法修正案完全施行之前，大规模商业设施接连发出突击开店申请，竞争环境严峻。”

在现场的直人亲身感受到了这样的外部环境。即使业界环境严峻，他也会想出应对的办法。然而公司总部禁止店长自己下功夫，直人对这样的方针感到失望。

2007 年 5 月，直人离职，转入金融机构任职。

1 地方创生计划是日本政府为了改变人口集中于东京、地方人口减少的情况，提升日本整体活力所提出的一系列政策。

## 5. 逃离“无法无天”的企业

### 经历了严峻的求职之路后

在超级严峻的就业冰河期中，好不容易找到的入职公司简直是个无法无天的地方，这种情况并不鲜见。想到过劳会把人置于死地，很多问题不是说“因为行业就是这样的”“因为公司就是这样的”就能解决的。因为工作就是活着本身。

今井纮子（31 岁）2000 年 3 月毕业时的大学毕业生就业率，是破历史纪录的 55.8%，统计上就业率第一次降到 60% 以下。企业限制了正式员工的录用，用非正式员工代替，所以在就业上本应处于有利位置的应届毕业生中，也就只有一半学生得到了录用。然而，这样的就业率不仅包括正式员工，能得到稳定工作的年轻人非常有限。

纮子 3 岁的时候患上小儿哮喘而引发肺炎，半年中都要去医院输液治疗。中学时她进入了叛逆期，矛头指向了父亲。她从不靠近父亲半径 1 米的范围内，即使父亲和她说话，她也绷着脸不回答。然而，纮子中学时，工作狂父亲由于肾功能不全，不断住院，需要看护。但那时的纮子无法察觉到父亲的心情。

由于从家里到大学所在的市中心乘电车要花 2 个多小时，所以大学时期纮子在东京市内租房，一个人生活。她一边在套餐店做接待工作，在东京火车站卖土特产，在电视台打零工，一边和乐队小伙伴一起享受着学生生活。她对父亲的叛逆依然继续着。她 20 岁回家参加成人仪式时，看到父亲无精打采、消瘦憔悴、脸色发黄，她才发现，以前大男子主义、顽固、横冲直撞的父亲现在已经非常虚弱。

“难道说……”

成人仪式结束后 3 天，父亲离开了人世。满心期待纮子成人仪式的父亲，用尽气力活到了那天。纮子对自己一直反抗父亲而感到后悔，“没有比这更难过的事情了”。从那天起，她的想法发生了改变。

到了大三，她想“为了照顾家人，必须要了解经济和法律知识”，因此加入了金融的研究小组，为了解股票市场和金融机构，到处搜罗经济杂志来读。考虑到家中的经济情况，她结束了一个人的生活，回到家里居住。家里的经济来源除了遗属年金，就是靠母亲在外打工。纮子也是自己通过打工赚生活费。

找工作的时候，她大胆尝试，参加了媒体的招聘考试，但主要在银行和证券业找工作。原本好奇心很强的纮子，也试着进入服装业、制造业等领域的公司。她说："不试着干一下的话，不知道什么样的工作才是适合自己的。而且，如果只集中在一个行业求职，万一找不到工作的话就完蛋了。"

然而现实和她的想法完全不一样，在大型企业全部大幅压缩或停止应届毕业生招聘的情况下，求职竞争变得更加严峻。纮子给五六十家企业投了简历，全部失败。她一直坚持到大四的秋天，然而还是没有结果。毕业后，她没找到工作，回了老家。母亲感叹道："好不容易辛辛苦苦熬到了大学毕业，然而……"她感觉在家待着很难受，于是联系了东京的亲戚，从家里搬了出来。

只要看到报纸上的招聘广告她就发出简历，也去了职业介绍所，然而最后定下来的工作，是在大型报社打工，担任电话接线员。即使这样，也比没有工作强，说不定能学到些东西。抱着这样的想法，她开始了电话接线员的工作。然而工作的房间一个窗户也没有，一人一个的隔间中，唯一的工作就是转接电话。她真的想马上摆脱这份工作，然而还是忍了下来。一边做着这份工作，一边自学了苹果电脑的操作方法，因为她想要从事儿时就憧憬的设计相关的工作。2000 年 7 月，毕业 4 个月后，她作为正式员工加入了一家招聘相关的广告公司，虽然这是一个 10 人左右的小企业。找到工作后，她终于松了一口气，去父亲的墓前祭拜，告诉了他自己定了工作。

然而那时，她没有想到，自己即将体验到的是"无法地带"中的工作。

## 无法继续工作

纮子的月收入大概是 15 万日元。她虽然感到工资低于市场行情，但是可以做策划、设计的工作，而且为自己终于脱离了“无业状态”而感到开心。工作内容就是制作企业介绍、招聘介绍等手册。她需要用一个月的时间构思策划方案，然后参加竞稿，赢得工作后，再比较多家有业务来往的印刷厂的报价，准备设计师和摄影师，然后开始制作宣传册。由于没有前辈手把手教，她只能自己从专业用语开始，对工作的一切推进方法边看边学。工作不到半年，她就熟练掌握了表示纸张重量的专业用语，一看一摸，就可以知道纸张的种类。

一开始，纮子连试印版校样上的“出血”（表示纸张裁切位置的横竖十字状的线）的意思都不理解。逐渐地，她可以对印刷厂进行指示，详细到如何选择彩色印刷墨的种类、搭配和比例，才能印成客户想要的效果。她就是对工作着迷到这种程度。

然而，这样的状态很快就被打碎了。

被迫加班是常事。策划、文案、设计的截止日期快要临近的时候，经常需要加班到第二天早晨，只能在办公室的地板上盖着报纸睡觉。回想起那些每天只有工作的日子，纮子感慨：“那真是一种忘记了自己是女孩子，也忘记了自己是人的生活。”

纮子想着，所谓的“业界”就是这样子吧。然而，虽然她还没毕业多久，但也觉得公司一点加班费都不支付，难道不是违反《劳动基准法》吗？即使编辑等业务被认定为使用弹性工作时间，无论做多少时间都按劳动合同规定的时间支付薪水，但根据《劳动基准法》，深夜、休息日的劳动必须支付薪水补贴。但是，当她刚刚踏入社会时，这样的话是无法对社长讲的。大概是小公司的缘故，公司没有明确的晋升标准，全凭社长的心情来决定薪资。极度的劳累和压力不断积累，纮子患上了胃溃疡。她只能定期去医院看病，勉强继续工作。抱着咬牙坚持的想法，她想办法用原本就不高的工资在通勤时间30分钟的地方租了公寓，然而身体还是垮掉了。

她患上了免疫低下的疾病，有时完全动弹不得。胃溃疡反复发作，无法摆脱身体的虚弱，出现了妇科方面的问题，哮喘也再次发作。她在通勤的列车上咳嗽不断，喘不上气来，蹲在地上起不来。由于疲劳，早上起床困难，她晚上一回家就换上第二天的衣服睡下。有时却由于太过疲劳，即使闭上眼睛，却神经兴奋到半夜三四点睡不着觉。有时不知怎的就上来一团怒气，把垃圾箱往墙上撞、大喊大叫。这样身心异常的状态一直持续着。即使这样，她想到父亲的去世，就一直忍耐着。

3年后，她每月到手工资上涨到20万日元，也终于逼近了自己的极限。“再这样下去，真的要死了。即使这样，我的工资也就是20万日元。”

《劳动基准法》是根据《日本国宪法》第25条（生存权）和第27条（劳动权）的规定，为了让劳动者维持作为一个人的基本生活，确定了劳动条件和待遇的最低基准。也就是说，即使被《劳动基准法》保护，也只是决定了人能够一边劳动一边生活的最低限度的标准，纮子所面临的哪里是最低限度，而是被迫在基准线以下进行工作。

“不管怎样，先辞了吧。”

2003 年 7 月，在进入公司的第三年，纮子离职了。离职后终于可以重新找工作了。本来有志于从事传媒工作的纮子，应聘了几份传媒相关的工作，被一家以自费出版业务为中心的知名出版社录用。

纮子入职当天，一到公司，就被问道：“哎？这是谁呀？今天刚来的吗？”她不由得怅然若失。这家公司一个月有二三十人的变动，员工们无法一个一个记得新人的名字。原本希望担任编辑工作的纮子成了编辑助理，负责阅读征文投稿、写回信。

征文其实是以“第一名可以获得免费出书机会”的名义，让参加者投递书稿来自费出版。这当中有 1% 能够成功大卖的书就可以了，剩下的 99% 完全是以收益为目标。在频繁召开的出版座谈会上，纮子也不得不对着对自费出版感兴趣的普通人说着自己不擅长的客套话：“文章写得非常好哦，如果不出书的话可惜了。”

自费出版的平均费用是 200 万日元，对学生有贷款。如果她对上司汇报表示某作者没有什么钱，上司就表示：“那 20 个月的贷款也行，去签约吧。”她感到这简直是骗人的生意，良心备受谴责，第一个月就想要辞职了。然而，辞职的条件是制作客户贷款的说明书。她用一个月时间写完了书的说明、合同书的写作方法等 100 页的说明书。到了终于可以辞职的那天，在下班前的两分钟，耳边还响起了这样的声音："今井，那个弄完了吗？"

接下来，她换到一家合资服装公司的促销部门，作为正式员工被录用。她想着这下可算能够好好拿到加班费了，"第一次能在一家正经公司工作"。她的工作是制定促销战略，策划、运营店铺内的活动，制作促销需要的商品目录和邮件广告。她需要和商业杂志合作投放广告，之前的工作经验没有浪费。每个月包括加班费，可以拿到税前30万日元的工资。然而，由于总公司搬家，空降人事开始了。

空降来的上司准备退休，完全不了解现场工作，也不想了解。一般来说一个小组有4人，正式员工3人、打工员工1人，一起来推进工作。然而同组的一位女性正式员工，上司也没有和她进行谈话，就任命她为"小组长"，让她成了有名无实的管理人员。加班费发不出来，基本工资不变，职务补贴也没有，业务量却增加了，这位女员工就辞职了。于是，就剩下"无能"部长、纮子，还有打工员工3人。部长什么工作都不做，只是在电脑前打游戏，打工员工到点也下班了。纮子一个人要做三人份的工作，坐早上6点多的电车去公司，乘末班电车回家。到家以后，过于疲惫而睡不着觉。

本来已经很多的加班进一步加剧，每天最多只能睡4个小时。由于过劳和不规律的生活，她开始月经不调。她想着月经已经晚了几周，却突然间出血。当1小时内好像把几个月的血都出尽的时候，她感到不安："这……真的没事儿吗……"

上司依然把工作推给她，完全没有犹豫："交给今井。"虽然如此，但上司的工资是自己的数倍，纮子感到越来越不满。

每个月的加班费接近 9 万日元，这些钱本身就让人感到“不健康”。纮子对上司表示自己的身体状况不佳、精神不安，希望减轻工作量和责任，却没有得到任何回应。深夜，为了保存证据，她用公司的电脑给上司发送邮件，邮件却石沉大海。她说自己“想辞职”，也被无视。这对纮子来说，简直就是人间地狱：“9 万块的加班费，就想把工作全推给我，这是要我去死吗？”她去医院开了诊断书，摆到上司面前，终于得以辞职。

日本劳动辩护团前干事长、旬报法律事务所律师鸭田哲郎指出：“在职业早期辞职的大部分人是在公司这个小社会中变得疲惫、感到闭塞的人，辞职的理由是无法在这个公司再活下去了。每天工作 12—15 小时是家常便饭，因身心崩溃、担心自己的性命和健康而辞职的年轻人绝非少数。”

## 同一代人的年收入差距

辞职之后身体很难完全恢复的纮子，痛感最好不要再像以前一样长时间工作了。她作为工作时间固定的派遣员工，加入了一家铁路公司从事广告工作。她想着这是一家大型铁路公司集团经营的派遣公司，应该不能违反法律，便选择了这家公司。

对于做派遣员工，她也有纠结的地方。但是她对自己说：“先等到自己身心恢复了。”她的时薪为 1500 日元，每 3 个月更新一次。

由于不含交通补贴，每月到手16万日元。她的工作是制作吸引人的旅行宣传册。纮子虽然成了派遣员工，但是她依然主动找活儿，用心提高自己的技能。半年后，她的工作方式受到认可，时薪增加了20日元。即使和正式员工做着同样的工作，在待遇上还是有差别，这让她开始感到不满意。不过这种情况也是自然的，她的派遣方式是"独家派遣"，现在被很多劳动组织视为问题。总公司本来应该雇用正式员工，然而为了削减成本，在集团中特别成立了派遣公司，更倾向于雇用派遣员工。"独家派遣"以向特定的派遣单位提供员工为目的，被《劳动者派遣法》所禁止。其问题在于阻碍正式员工的聘用，而且同样的工作，由于是派遣员工来做，收入上会有差距，企业直到派遣到期一直支付着低工资，然后以合约期满为由，在短期内以合法的方式停止雇佣，实际上是一种变相解雇。

这样的情况在笔者大学期间也存在。1998—1999年，笔者在写作毕业论文期间进行实地调查，就积极聘用女性和使用小型办公室（SOHO）的可能性，询问了地方电视台台长。

对方表示："当员工以生子、育儿为理由提出辞职的时候，对于想要留住的优秀员工，企业无论用什么办法都会阻止的。"笔者进一步询问应届毕业生招聘的情况，对方说："最近，招聘人数为零。但是招聘活动还在进行，如果不拿出今年或者明年会招人的姿态，到了要用人的时候，就无法召集优秀的人才。如果是播音员、女性员工的话，年轻的会比较合适，所以同集团的派遣公司签约的人也会出现在电视中。如果是派遣的话，工资可以低一些，合约结束后也不会被认为是乱用解雇权，就可以解决问题。”

在纮子作为派遣员工工作期间，她的弟弟赶上了应届生招聘恢复的形势，顺利拿到了大型企业的聘用通知，于2007年加入公司。她为弟弟的好消息感到开心，也不由得感慨：“毕业时间就差这么几年，竟有这么大的差别。”碰巧在就业冰河期走向社会的纮子，无疑被时代的大潮影响了命运。

“自从成为社会人，就打算要拼命工作。然而，只是就业时间的一点点不同，就会有年收入的差距。”对这样的现实，她无法释怀。

根据三菱UFJ研究咨询机构主任研究员小林真一郎的预计，25—34岁的人群中，正式员工的平均年收入是412万日元，非正式员工的年收入仅为125万日元，差距在3倍以上。另外，在从18岁工作到60岁的情况下，整个职业生涯的工资，正式员工是2亿500万日元，非正式员工只有5000万日元。而且，如果是派遣员工、打零工的话，不知道什么时候就没有工作了。另外，派遣员工以时薪来计算工资，节日较多的月份收入就相应减少，所以纮子努力控制自己的花销，想办法存钱，这样的生活多少让人感到有些悲惨。

纮子一边做着派遣员工的工作一边找工作，却很难找到和之前的工作工资水平相当的机会，更别说条件更好的了。本来，随着职业经验的增加，工资收入就该增加，但是一度成为非正式员工，对跳槽就很不利。她想要选择一家能够理解不过劳工作的公司，成为正式员工，一直工作下去。即使在面试中失败，她也要坚持到最后，不放弃希望，重新振作起来。

在求职期间，她发现有一些公司并没有突然扩大据点、提升业绩，却经常处于招人状态。调查以后她怀疑，这些公司的工作很痛苦、离职率高，所以才会不断招人。即使在政府运营的公共职业介绍所，也得不到这样的信息。纮子试图避开招人很多但离职率也高的行业。由于她患有哮喘，所以想寻求进入医疗行业的机会。

后来，她通过社会招聘成为一家医疗器械制造商的正式员工。这不是一家很有名气的公司，但是在业界的细分市场中处于领先位置。而且，在选拔到新设置的市场部的员工当中，只有纮子一名女性，她是在公司充满期待的业务部署中被招聘进入公司的。收入水平也与她一直以来的工作情况对应，符合预期。她想，虽然曾经工资低、对职场有不满，但是把眼前的工作做好、积累了经验，所以才能够跳槽，一直以来的努力没有白费。

每日通信公司、就业求学信息网站“Mynavi”总编辑栗田卓也对跳槽形势这样解释：

“越来越多的年轻人把跳槽看作一件积极的事情。企业考虑到如果不招聘年轻人的话，会对若干年后企业存续的形势不利，所以他们对于社会招聘的员工，不是寻找专门人才，而是重视潜力，只要有技能，就可以录用。另外，年轻人看到了‘失去的10年’的严峻形势，他们理解，入职之后如果认为有了企业作靠山、可以吃大锅饭，不得不跳槽的时候可能就无法被市场接受，所以想要努力提升能力，积极性很高。”

第二章

# 各行各业

# 1. 过了头的成果主义

## 解决方案工程师特有的辛苦

20 世纪 90 年代后期，信息技术（IT）相关的创业公司相继涌现。1999—2000 年初，IT 相关企业的股价急速上涨，出现了 IT 泡沫。2000 年 4 月 12 日，日经平均股价收盘价达到顶峰 2.0833 万日元，此后开始下跌，IT 泡沫破裂。然而，同年 5 月，经济团体联合会（现日本经济团体联合会）发布了《IT 立国的提议》。在 7 月举行的八国集团首脑会议（冲绳峰会）上，明确了为面向 21 世纪“进一步的繁荣”而有效、充分利用 IT，促进各国竞争、推进结构性改革的方针。就是从那时起，“IT”这个词汇开始在社会中渗透开来。冲绳峰会闭幕后，日本政府颁布了为 IT 立国而推进 IT 革命的政策。时任首相森喜朗提出“日本新生计划”，对 IT 相关的预算给予充分支持。此外，同年 10 月，在时任经济企划厅长官堺屋太一的领导下，提出了 IT 国家战略“E-Japan 构想”。11 月，当时的通商产业省在2000年的追加预算中，增加了2355亿日元。

政府希望创造出新的雇佣机会，计划在职业培训学校中培养解决方案工程师（SE）。当时，大学生就业率在统计上第一次跌破60%，降至55.8%，进入了就业冰河期。然而不管文科理科，很多年轻人在找工作时都致力于成为人才需求量较大的解决方案工程师。

小野圭介（化名，30岁）也是踏入这个行业的众多年轻人中的一员。

2001年3月，他从关西地区的国立大学毕业。虽然他学习文科，但是在大学的信息室接触电脑的过程中，对IT产生了兴趣。当时是90年代后期，电脑还不太普及，圭介买了苹果电脑，自学了网页制作，并在网上发表小说。找工作时，他还应聘了美国苹果公司等顶尖IT公司，最后被大型电器制造商的系统公司录用。

和他同期入职的有11人。结束研修后，他获得的业务是到一家信托银行客户的数据中心修理打印机。他修理的打印机，是金融机构为大量印刷支票、传票、存折等而使用的特殊机器。

虽说圭介的职业被统称为"工程师"，但工程师也是分级别的，在圭介的公司分为三级。第一级是有问题发生时到客户处修理的系统工程师，第二级是常驻于客户的事务所、监控电脑故障、进行保养检查的客户工程师，第三级是一边推进同客户的沟通一边提案、构建网络的解决方案型的网络工程师，也被称作"高级SE"。圭介从系统工程师开始做起。由于同客户签订的产品维护合同规定从上午9点到下午5点受理维修，他的工作内容是，机器一发生故障就会被叫去修理，第二天上午 9 点前完成修理。

半年后，圭介开始负责大型通信公司的业务，成为管理移动电话内容网络的客户工程师。公司和客户的合约是“24 小时 ×365 日”的形式，有夜班，需要三班倒，在公司值班待命。如果通过手机查询费用这样的服务半夜出现故障，就要被突然叫起来，一直工作到修好为止。在圭介的公司中，上下级关系很明显，如果老员工时间不方便的话，新员工就要毫不介意地换值夜班。这样的情况时常发生，经常是从第一天早晨上班一直工作到第二天傍晚，连续工作 40 小时。在那种时候，单纯是醒着也已经很费劲了。每月平均加班时间 140 小时，有时候每月只能休息两天。基本工资 24 万日元加上加班费，每月到手 33 万日元。这可以算是高薪了，代价却是基本没有休息日。新年时还能想办法连休三五天，但平时不知道什么时候可以休假。年轻员工需要根据前辈的计划来规划自己的休假时间，这种状况要一直持续到进入公司的第八年到第十年。

白班是早晨 8 点 40 分上班，工作结束早的话也到了晚上 9 点了。晚班是下午 1 点开始上班，到次日上午 8 点 40 分下班，隔一天又是一个白班，生活非常不规律。夜班结束当日，圭介早上 10 点到家后，马上去睡觉。一直到晚上 9 点醒来，洗澡之后，为了能够再次睡着，他养成了每天到附近酒吧去一趟的习惯。最开始是喝啤酒，然后是一瓶葡萄酒。后来，他三口就能喝光伏特加短饮鸡尾酒。他会在吧台呆坐着，感到困意后回家睡觉。用酒精代替睡眠药物，在不知不觉中成了习惯。

一天之内，硬件故障发生三四起，所以客户工程师的一天就是被客户系统故障追着度过的。一旦客户联系，工程师就要带着工具和零件飞奔过去。去修理业务用的大型网络时，还需要带上笨重的大型工具。圭介搬着重物冲刺到客户公司，等待他的是，因机器故障而无法工作的愤怒的客户。虽然发生故障并不是SE的责任，但是圭介还是必须先道歉。对于SE这种工作，圭介表示："这基本就是一份从负到零的工作。"由于长时间工作造成的过劳和精神疲劳，同期入职的同事相继辞职了。有同事患上了抑郁症，从一线工作中离开。那位同事在休息半年后，被调去负责事务性工作，不满一年就离职了。这让圭介感到，人内心一旦崩溃，就很难恢复。

对于IT行业特有的长时间工作以及精神健康问题，信息产业工会进行了实际情况调查。在《软件工作者的工作实际情况调查》（2007年报告书）中，信息产业工会发现需要当前课题解决的问题中，第一位是"减少加班"，第二位是"关怀精神健康"。

信息产业工会政策局负责社会政策、信息服务的出纳诚说："SE的工作性质是工作落实到人身上，有能力的人逐渐聚集到这个行业，工作人员也出于责任感来接受工作，却陷入了长时间工作、过度工作的状态。因精神方面的问题而离职、离开信息行业的人很多，这其中也有人无法再回归社会。一旦有了这样的倾向，能够成为关键人物的高技术人才就越来越少，于是造成了业务的质量低下。另外，由于业界没有统一的合同模板，对于弱势的一方就会产生不良影响。"

圭介的公司中，总公司负责销售业务，所以总公司的销售员只顾着对客户说好话，对客户的要求照单全收，负担却落到了子公司的 SE 身上。由于工程师部门隶属于子公司，所以不能拒绝总公司的意见。于是，销售部门就趁机把产品说明等本是销售职责范围内的业务，全部推给 SE 来做。此外，一般来说，对于现场发生故障的原因和对策，销售部门需要向实际制作产品的事业部报告，在部门间协调，然而他们并不负责。销售员当中有不同机种的专家，他们本来应该传达“网络故障。根据现场的判断，这个部件坏掉了，更换零件后故障大概可以解除”这样的信息，他们也没有做到。所以一有了麻烦，总公司就要求 SE“去道歉”。客户工程师从客户那里收到投诉，要承担准备调查资料、和呼叫中心沟通等修理以外的工作，然后一天到晚还要进行修理。

晚班熬夜的时候，工程师就在没有床和浴室的办公室里，把几个椅子摆在一起凑合着打盹儿。深夜基本不会有什么工作，然而由于公司卖的是“24 小时 ×365 日”的合同内容，所以虽然毫无必要，员工还是要常驻在客户那里。深夜，一身疲惫的圭介不由得想：“在这里坐着的话，时薪是 2000 日元吧。”他有一种把时间掰开来卖的感觉，痛感这没完没了的工作之艰辛。

## 过了头的成果主义、没有价值的工作

圭介刚进入公司的时候，总公司还设有工程师部门，几年后，工程师部门逐渐转移到各分公司。虽然是总公司发出的录用通知，但是总公司与子公司采用的是独立结算模式。虽说如此，集团公司也必须要认真遵守法律、支付加班费，如果把全部的工作都交给同集团的员工的话，人力费用会大大增加，所以公司也会同其他的独立公司签订业务承包合同，实际到现场工作的末端员工已经大概是第五级外包员工了。在这种多层外包的结构下，如果最初的承包商按照每个人月薪 100 万日元接受业务，除去中间利润，二级承包商每人月薪就变成了 70 万日元，三级 50 万日元，四级 30 万日元，五级就变成了 15 万日元。特别是大型制造商的承包商，交付日期严格，技术周期很快，所以工作环境更加恶劣。这种多层外包的结构，不仅是劳动者的问题，对安全管理也产生影响。

为了维持品质，总公司推行了业务标准化。从企业经营的角度来想，这是理所当然的事，但换句话说，业务就变成了“谁也能干的工作”。员工们在入职研修中，还想着可以提高自己的技术，学习网络的建构。业务标准化推行后，工作细分，能够从自己的目前工作水平再往上提高的机会就丧失了。技术的标准化，也意味着技术人员能力的标准化。大家对公司内部的各种事情、长时间工作、工作的标准化感到疑惑，很多同事考虑到今后技术很难得到提升，在入职三四年这个节点上选择了跳槽。

圭介从客户工程师升职为网络工程师，从“单纯的修理工”的工作中熬了出来，可以亲自进行他目标中的网络构建的工作了。然而，公司这边却要求“用不依靠工程师个人的技术，来实现信息安全”，所以他的工作内容有限。客户削减成本的愿望强烈，哪怕是网络工程师，也变成了多层外包结构中的外包结构。自己学习、提出网络构建的方案，却因成本增加的理由而完全不被接受。对此，圭介也是毫无办法。至此，同期的同事们一个个辞职，圭介也多次考虑跳槽，但每次都想“脚踏实地加油吧”，而放弃了跳槽的念头。就这样继续工作了 8 年，现实是，他没有获得新的机会，来挑战能称得上是技术者命脉的研发工作。

圭介说：“到了 30 岁，想要拥有能够安身立命的职业的话，必须得跳槽。现在的公司不能说是要完了，大概可以干到退休，但是我已经对工作没有了那种激动和紧张的心情。公司说是要进行‘信息基础设施的工业化’，实际上就是让工作变得容易上手，打工员工也能干得了。”推进 IT 技术的时代结束，技术人员的工作交给了人力费用便宜的派遣员工或者外包员工，公司的正式员工则只做管理的工作。圭介本来想到从系统工程师变成客户工程师，再升职为网络工程师，能够逐步开发新的技术，可以看到明确的职业路径，然而由于公司的分社化，今后的职业路径越发不清晰。他卷入了每个季节的客户商战中，忙得不可开交。对于手机业务来说，春季商战和圣诞商战是重点，特别是春季，正值学生入学购买手机，从 2 月中旬开始就要开始促销活动。此后，5 月手机换型号，于是要抓紧准备新机型。圭介不想做那种谁都能做的工作，于是学习各种知识，从客户的商品战略到店铺运营，再到对手公司和业界的整体动向，努力在技术之外为自己增加附加值。

然而，圭介如此努力，公司却完全没有放在眼里。人事部在两年前对工程师进行了“员工满意度”无记名问卷调查，然而工程师的工作没有获得任何改善。而且，虽然说是无记名，但问卷是通过公司内网来登录的，上级部门很容易就能掌握是谁回答了问卷，所以员工很难在问卷中坦率地提出意见。圭介不由想：“这问卷调查大概是上级部门为了满足自我而进行的，或者是哪个员工为了谋求个人成果主义而进行的吧。”对于只看人数，不关注员工个人的公司，圭介充满了失望。

自从成为网络工程师后，圭介虽然对于工作本身抱着积极向上的心态，乐观地努力着，然而由于在客户处设有自己的办公桌，常驻于此，和之前担任客户工程师时没有什么改变，工作依然没有尽头。询问客户的意见，和总公司销售员不断开会，等到能回家的时候已是末班车的时间。虽然如此，年收入却只有 500 万日元出头。如果跳槽的话，听说收入水平可能会下降，他下不了离职的决心。虽然说圭介进入了大企业，但是他感觉自己简直像是陷入了逃不出的迷宫，看不到终点和前途，就这样一直工作着。

根据信息产业工会《软件工作者的工作实际情况调查》(2007 年报告书)，从企业规模来看工作人员的平均年龄，员工 1000 人以上的企业是 37.1 岁，100 人以下的企业是 34.4 岁，有一定区别。从平均工作年限来看，1000 人以上的企业是 12.2 年，而 100 人以下的企业仅有 8.5 年。信息工会的出纳先生这样指出：

“虽然系统工程师被委任了系统管理和运营这样的工作，但是这份工作到底能变成什么样，他们对此感到疑惑。对企业来说，可能把人像一个个零件一样套用，效率更高，然而对于工作的本人来说，不知道自己在整体的工作中作出了怎样的贡献，看不到能够从事创造性工作的前景。为了应对眼前的交付日期，消耗了很长的时间来工作，即使想要看看未来，也提不起思考的力气。在这个行业中，不断进行同样的工作，积极性下降，成了问题。此外，由于 SE 是一份‘费力’‘无法下班’‘收入低’的‘3K’[1]工作，人气比较低。最近，出于这些原因，又多加了‘无法结婚’这一个‘K’，到了 45 岁以后还没结婚的人很多。这个行业在学生中的人气较低，出现了一些通过应届招聘基本招不到人而放弃招聘的企业。”

另外，SE 的世界中成果主义过头，前辈员工为了守护自己的成果，没工夫教给后辈工作，因为他们被困在眼前的工作、成绩之中，长期提高和传承技术的意识变弱。大概是由于这样的倾向，这两三年应届毕业生招聘的泡沫与 SE 业界基本上是无缘的状态。出纳先生分析：“企业从最初就放弃了‘买青苗’，即在毕业前同学生签约的做法，到了入秋后直接招聘迟迟没有找到工作的学生，或者转向社会招聘。”招人的方法也是从非正式员工开始，虽然企业表示之后可以转正，但是一旦以非正式员工的身份入职后，实际上很难转为正式员工。正式员工一般可以期待工资根据工龄增长，然而

1　“费力”“无法下班”“收入低”“无法结婚”这四个日语短语均以“K”开头。

非正式员工的增长曲线一直是平的。正式员工与非正式员工的收入差距就这样固化。这也是为什么圭介会犹豫是否要离职。正式员工和非正式员工做着同样的工作，他们之间的收入差距却在扩大。因此，信息产业工会在《信息产业工会21世纪蓝图》中，总结了以改善劳动环境为目标的重点政策，提倡正式员工和非正式员工待遇均等，实现非正式员工的转正机制。因为，非常多非正式员工因为对未来没有希望而辞职。

圭介是正式社员，有着大企业的招牌，还可以拿到加班费，所以在收入方面是不差的。但是出纳先生指出的“4K”当中，他依然中了其中三条。在进入公司的第三年，他开始与在酒吧中认识的一名女性交往并且同居，但是对方是公务员，两人的生活时间完全不一致。即使有共同的休息日，圭介也累得筋疲力尽，一觉睡到午后。两人的交流越来越少，在交往一年半后分手。之后，圭介也没有遇到其他异性，一直没有恋人。他依然睡不着觉，由于每天过着用酒精迫使自己入睡的日子，他患上了痛风。

由于工作的问题，他失去的不仅是恋人。2005年5月中旬，生活在关西地区的父亲患癌症离开了人世。父亲当时57岁，入院3个月后就离世了。由于工作太忙，他没能去看望父亲。父亲去世当天凌晨，医院打来电话，告诉他父亲病情恶化，他才取消工作，赶紧跑到医院，还是没能见到父亲最后一面。

2008年5月，家里举行了父亲去世周年忌。圭介却陷于春季促销和应对新机型的准备中，没能回家祭拜。

# 2. 保守政策降低员工积极性

## “多样的工作方式”

“女的就算工作辛苦，不管怎样结了婚以后就辞职了，报道重点还是放在男的身上。”

一家大媒体的编辑部主任（男性，40岁）反复这样表示。

处于“悲惨的职场”这样的现实中的当事人，如果是女性，经常会被这样的说法一并概括。由于不直视、不理解现实的发言，眼前发生的事实能够被正确报道的机会就没了，这就是长期以来，职业女性的问题无法得到解决的原因。责任相关方对于这样的问题不敏感，笔者对此有强烈的危机感。像这样区别对待的发言，不仅存在于媒体，也蔓延到政界、教育机构、工作现场，乃至家庭。

由于许多前辈争取到了“劳动者的权利”，女性以及其他弱势群体的工作机会确实有所增加。即使在过去默认“婚后辞职”的金融界，女性活跃的领域也在扩大。如果说支撑日本经济的是制造业，那么支撑制造业、与其共成长的就一定是银行。女性的工作方式和生存方式，与作为日本经济根基的金融业的企业行动和职场变化有着深刻的关系。

通过反复兼并，巨大的金融集团形成，于是有了大型银行。为返还用于处理泡沫经济崩溃后不良债权的公共资金，各大银行展开了攻势。在应届生招聘泡沫中，银行界增加了女性销售职位。然而，即使女性好不容易成为正式员工，想要长期为公司工作、加倍努力，公司依然对她们“用后即弃”。

2008 年 4 月，三菱东京 UFJ 银行招聘应届毕业生 2200 人，三井住友银行 1822 人，瑞穗金融集团 2400 人，招聘规模很大。其中，管理岗以外的职位大幅增加，各公司面向女学生召开研讨会，努力招聘女性担任销售职位、一般职位。然而，笔者通过对在大型银行工作的年轻女性采访发现，2007 年 12 月，在银行窗口销售人寿保险产品全面放开，大量招聘背后的真相，是大批员工离职的出现。

2005 年 3 月从东京的大学毕业，入职大型银行的铃木洋子（化名，25 岁）表示“感觉看到了绝境”，工作两年就从银行离职了。

洋子入职的银行设有三种类型的职位：基干职位、特定职位、专业职位。基干职位是指没有负责业务的限制、全国调动的综合性职位；特定职位包括一般职位和特定综合职位，没有工作调动；专业职位负责专业性较高的工作，比如外汇买卖等，采用年薪制。

此外，银行也致力于培养销售职位——金融咨询师（FC），面向个人客户提供销售保险、外汇存款、信托投资基金等服务，现在

FC约有2800人，目标是在3年后达到4000人的规模。基干职位的FC中，男性约占30%，女性约占70%，特定职位的FC基本全是女性。金融业的事业战略是，面对团块世代退休金这样的巨大资产，建立最强零售银行，所以想要增加从事零售业务的女性银行职员。洋子也是在这样的形势下，按照特定职位被招聘入行的。

与她同时入行的，特定职位有700人，基干职位有500人，共1200人，比上年度总人数翻了一倍。2006年的招聘总数为2350人，2007年为2500人，2008年为2400人，他们都是在应届生招聘泡沫期进入银行的。在洋子这一批人中，按照综合职位入行的女性人数十分有限。按照特定职位入职后，起薪为17.4万日元，公司表示销售成绩会反映到奖金上。

洋子被分配到东京市内的门店，被布置了每年1000万日元的利润目标。想要达到1000万日元的利润，那么销售额就需要有3亿日元。洋子负责的个人客户有200—300人，至少要和20人经常联络，努力实现签约。每天早上，账户存款1000万日元以上的客户会被选中，然后洋子要给他们打电话，询问："不要让你的资产休眠，要不要考虑活用资产？"一边看着客户的列表，一边和感兴趣的人预约时间。

每个月成绩出来后，达到前几名的话，总部会每半年进行一次表彰。由于像洋子这样的女性销售员对客户来说还是非常稀奇的存在，刚工作一年的洋子被频繁带去接待客户。每周三和周五一定是要接待客户到很晚，末班电车都没了，只能打车回家。有时候没办法使用打车券，只能在胶囊旅馆或者桑拿房过夜。有的时候还不得不在 KTV 陪到第二天早上。周六疲惫不堪，洋子没法儿起床。她想着这工作不分男女，都是如此，咬牙坚持了下来。

她和客户顺利地签了合同，就会被男性前辈说“女的真好”。到最后流言四起，她被骂“要知羞耻”，洋子明显感受到周围人的嫉妒。这些言论，是《男女雇佣机会均等法》禁止的性骚扰的言论。无法提高业绩的男性前辈就这样一直欺负她。

另外的男性前辈 FC 的年收益目标被定为 3000 万日元，这在洋子所在的地区难度相当高。她一看内网上与客户的联系记录，发现“有希望”的客户已经被原本不负责这客户的前辈抢去了。一般来说，是不能对其他人负责的客户出手的。

信托投资基金的合约来了后，必须要制作详细记录与客户谈话的文书。根据 2006 年 6 月制定的法律，《证券交易法》变成了《金融商品交易法》，伴随着法律规范对象商品的扩大，对可能产生损失的风险进行说明，“劝诱、贩卖”等行为规范也更加严格，所以需要写作的文书量更大了。这样的业务是从客户处返回支行后进行的，然而一个月只能报 15 小时的加班费，一旦超过这个时间，就被副支行行长叫出去指示说“别再报时间了”，然后变成被迫无偿加班。

成为这样的社会人的第一年夏天，洋子第一次拿到了奖金。作为学习，她用 20 万日元买了信托投资基金。这笔资金没过多久就涨到了 40 万日元。这和风险高的个股投资不一样，她感到了信托投资基金组合式投资的魅力，因而学到痴迷的程度。对想要增加资产的客户说明商品，她也乐在其中。

“要干就要成为第一名。我想提高收益，和同期的同事们拉开差距。”

她尽可能多地拜访客户，累到稍有时间就能睡着的程度，忍着疲劳来销售。这样的努力有了结果，虽然她没有从前任销售那里接手任何资源，新客户数量在同期员工中还是达到第一位。第二年冬天发奖金时，洋子的个人评价自然也是最高的。当然，她从来没有怀疑过成绩会反映到奖金上这件事，然而，奖金只有 36 万日元。对于这个数目，她感到错愕。

“我那么努力，拿到了第一名的成绩，但是这个奖金比起同级同学在保险公司做一般性工作的奖金要低很多。我这是怎么一回事儿啊！”

那时，洋子感到疑惑的，不仅是成果无法反映到收入上。两月一次，总行保险团队到支行来“拜访同行”。虽然洋子可以学习到他们独特的销售话术，然而在当时日经指数达到 17000 高点的时候，这些人还能强行销售他们的金融产品。洋子想，这真是只要能卖出去，不管怎么样都行。

由于来自前辈的欺负、过劳、压力，她高烧不断、起不来床，把年度的带薪休假全都休完了。一天早晨起床后，她发现被子被血染红。到妇科一查，被诊断为子宫内膜炎，进行了手术。洋子说：“当时我想到，以后生不了孩子了吧？”

洋子虽然喜欢信托投资基金的销售，但即使达成目标、取得成绩，也会被人拖后腿，长时间工作让人变得抑郁。入行第二年，她决心离职。

“接下来要专门做事务性工作。”她跳槽了。

## 一般职员的现状

即使是一般职位，也感受到了大型银行零售战略大潮的袭来。

丰田茜（化名，24 岁）在以适合女性工作为“卖点”的大型银行工作，短期大学毕业后，她作为一般职员加入了这家都市银行。一般职员不存在比较大的调动。因为想要在窗口业务中从事销售工作，与地区密切接触，她加入了银行。茜自幼身体就不是很好，所以她考虑找一个主要伏案工作的职业，便选择了银行的一般事务性工作。在茜这一代，男女雇佣机会平等的意识较为普及，虽说是银行的一般职员，但“结婚生子后也想要工作”的心情，是比较普遍的。所以，考虑到能够长期工作这一前提，她入职了银行。

入行时的月薪大概是 13 万日元。过了 4 年，月薪涨到大概税前 20 万日元。她被分配到东京市内的门店，最开始时负责窗口业务。对账时如果有 1 日元对不上，不管是综合职员还是一般职员，都要加班到对上为止。不久后，她就一直要每天加班到深夜。

即使这样，身体不舒服的时候，已经是熟人的顾客问一句“今天脸色看起来不太好，没关系吧”，茜就会感到很开心。经过了多年，她获得了主任职位，有权在事务文书上盖章。窗口业务支撑着信用卡等分行的合约数，她专心于事务性工作，努力提升自己的技能。

然而，当她得知，比自己年长 8 岁的前辈的工资只比自己多了 2 万日元的时候，感到了不安，“这样下去，我的工资就一直只能在 20 万日元左右”。茜委婉地和上司表达了自己的意思后，对方表示：“如果想提高工资，那就去卖信托投资基金。”窗口业务能够挣到的手续费也就是 500 日元，信托投资基金的话，一笔业务有时候能有几十万日元。

职场当中，正式员工和非正式员工之间也产生了不好的关系。银行决定，从银行百分之百出资的派遣公司派来的运营服务职员，从 2008 年 7 月开始转为正式员工。这些派遣员工对顾客连敬语都不太会用，原本的正式员工们要和他们拿同样的工资，积极性瞬间下降。茜由于和运营服务职员人际关系的压力、不转岗就无法涨工资的烦恼，而得了肠胃炎。

茜对岗位的选择而感到心烦，她发现：“如果是新制度开始前的一般职员，选择卖信托投资基金的职业路径的话，每个月有 1 万日元的津贴，通过加班费可以实现工资增长。上司虽然说从 2008 年 7 月开始，津贴可以涨到 3 万日元，然而这笔钱作为被业绩目标追着的回报，实在过于低。实行新制度后，很难说基本工资就会上涨。”

如果成为销售职员，那每天邮件中就会收到公司全员的收益排名，谁排第几名，一目了然。另外，片区之间也有对决，每个月举行比赛，比拼收益和新签约客户的数量。她从一名女性销售同事那里听说："如果目标达不到，上面就会发火，但也会被说'劳动基准监督署来了的话就完蛋了，赶紧回家'。为了打掩护，找准'休息日座谈会'的机会，就会被上面要求打一圈销售电话来卖房屋贷款和信托投资基金。休息日工作后调休的话，就会被上司挖苦。总之就是，每天无论干什么都要被骂。"

分行的业务与信托投资基金息息相关。在窗口有顾客对信托投资基金感兴趣，会被汇报到负责的员工那边。从许多年前开始，银行专门通过女性项目组开发了面向女性的信托投资基金和住房贷款业务，承担这样的销售任务，有女性销售职员是非常必要的。银行整体的信托投资基金销售手续费也是逐年增加，业绩不断扩张。茜听说，对于一般职员的转岗要求是"如果只是写写文书，兼职或者派遣员工也能干，剩下的员工都要去卖信托投资基金"。这真的是为了顾客着想吗？

分行中开始了事务性业务的外包，对事务手续采取了减分考核的方式。下午 3 点，店面营业结束，合计水电费等之后，不管怎么样都要把传票、支票这样的实物送到 4 点 30 分来的运钞车上。像这样合计处理过的现金、支票等的"紧张"作业，有全国平均时间公示，如果作业慢的话，会被减分。文件不齐全、漏盖检查印章、漏记项目，都要减分。这样的不齐备会按件数来算，达到一定的数量，上面会发传真。减分的数量在全国排序，如果变成了"需要注意的分行"，科长就必须要总结办法，进行改善。

以前一天内就可以开出来的存款余额证明，现在要一周才能开出来。被迫等待的顾客们开始投诉。虽然这项业务在分行可以做，但是不外包的话就要被减分，所以只能让顾客等着。这真的是在珍惜个人业务客户吗？

虽然是考虑到想要长期工作才加入了这家公司，但茜周围的女性前辈在结婚、怀孕、休过产前产后假期和育儿假期后，返回职场被调岗调职、调换分行，这变成了好像是理所当然的事情。公司方面否认了这样的事实，但是茜感到了强烈的疑问：“公司说自己是对女性友好的职场，但一般职员工资只有 20 万日元出头，怀孕了就调岗，把人逼到辞职。”

女性作为一般职员进入银行工作，工作四五年后就被抛弃。对于这样的事实，推荐学生应聘的大学就业中心表示警惕。一所私立大学就业中心的工作人员感到担心：“大型银行的大量招聘，是没有人才战略的同一模式。之前大银行都不怎么去偏差值[1]较低的私立大学招人，但这些年开始通过学校推荐招聘。然而和毕业生询问发现，事务性职务也被分配了业务额，收入存在天花板，过了几年公司就想让女员工在婚后离职。这背后的原因，其实是为了合规，派遣员工招聘越来越难，为替代派遣员工，银行便从偏差值在平均水平的大学招聘正式员工，过了几年就让人辞职。”

熟悉以银行为中心的金融业人事事务的咨询师也讲道：“受雇的

1　日本将学生的考试成绩通过正态分布来表示，平均值为 50。日本顶级大学的偏差值可达 70 以上。

一般职员如果全部一直在银行工作到退休，太过消耗人力费用，所以银行已经预估有些人工作几年就会辞职。银行的真实想法是把正式员工都划分到全员收益部门去，后台工作可以外包，在集团内成立法人便可解决。大型银行为零售战略而大量增加招聘的女性销售职员，没有几年就辞职离开。无法大量招聘的大型银行之外的金融机构则重点关注跳槽市场，认为‘大银行把新人都培训好了，人才辈出给我们送来’。”

此外，金融分析师指出：“一般职位和特定职位等职位的增加，其背景是使用非正式员工变得困难。派遣员工和合同员工等有工作年限的限制，工作超过 3 年的话就必须转正。现在来自工会团体的交涉不断增加，银行认为招非正式员工在法律上不仅困难还麻烦，还是先把正式员工招进来，这样能够规避风险。虽然在社会保险方面有些负担，但是比起之后被媒体敲打还是好的。而且，对保险的窗口销售工作，年轻人学得快，人力费用便宜。雇用年轻女性工作几年，十分省钱。如果想让她们辞职的话，不给升职就好了。”

对于这点，大型银行的职员也表示认同：“聘用人数的增量，是对辞职人数的预测。男性的综合职位也是集体招聘，不知道会被分配到哪里，很多年轻人进入银行后，感到有落差而辞职。从这方面来讲，学生们努力学习，最开始的目标是日本银行的投资部门，如果有分配到其他部门的可能，人才就会向外资企业流动。”东京市内知名私立大学的教授也说：“研究小组中越是优秀的学生，越不想去日本金融公司就职。”

## 让员工积极性降低的日本企业

此前，在银行担任综合职员的女性寥寥无几，这一两年来，各大银行女性综合职员的实际人数和比例都达到了能够公布的程度，明显增加。比如，对于 2005 年度、2006 年度的女性综合职员人数，三菱东京 UFJ 银行表示“没有答案”；2007 年度公开发表结果，240 人中有 24 名女性；2008 年度，550 人中有 150 名女性。其他的大型银行最近几年的实际结果，女性员工均占 20%—30%。

大平久美（化名，25 岁）从国立大学毕业后加入银行，作为综合职员被录用，她没有被分配到分行，而是在具有总部职能的部门。一入行，由于女性综合职员很少，不少时候都被说到“啊，有女孩子来了”。她向上司表达自己想要去做销售的愿望，上司露出非常不可思议的表情：“一个女孩子，想去做销售？”

久美的上司在银行合并前，在另一家银行工作。上司要求久美一起去接待，如果她拒绝的话，上司就会说些难听的话：“以前的某某特别优秀，真是好啊！”职场中，来自不同银行的人各有派系，斗争不断。由于公司在合并后对于经营方面的愿景描述不清，让人感觉基层员工之间彼此不和。好强的久美在学生时代完全没有感受到过男女的差别，然而进入银行后，看到周围的人的反应，才第一次认识到“自己原来是一名女性啊”。

男性上司和前辈对于久美感到有些棘手，没有让她去做销售的工作，而是让她在办公室中处理业务。她感到了无法实现目标的痛苦："虽然这里是一流企业，却没有待下去的意义，日本企业的氛围太浓了。"两年多后，她从银行离职。

青山友一（化名，32岁）2000年从国立大学毕业后，被一家大型银行录用，成为交易员。虽然她一直顺利地过着"银行家"的日子，但是一年半之前开始实施的人事新制度，让她的积极性一下子就降低了。

她所在的公司，积极聘用在其他银行专业职位工作过的有经验的人，给跳槽来的员工支付更高的薪水。友一的年收入大概是1000万日元，同样年龄的通过社会招聘进入公司的员工，年收入为2000万—3000万日元，奖金更是高到没边。

友一在半年内达到了营业目标的3倍，实现了数十亿日元的利润，拿到奖金200万日元，然而社会招聘的员工业绩只达到几亿日元，有时候甚至只有数千万日元的利润，就能够入手1000万日元的奖金。她向老板直接提出了核定奖金，然而却被打回来说："你是用着公司的牌子和资金赚到钱的啊。"自从新制度实施以来，公司老员工的不满爆发，同事们相继辞职。当部长这一级的老员工都提出辞职的时候，她感到"这家公司已经没有未来了"。

规避风险变成了公司的方针。金融业需要通过循环资金来产生利益，但是日本的金融机构却一直走一条保守的路线。客户基本上都是日本人，即使到海外，也只是去开拓日本制造业等法人客户，完全忽视海外当地的客户。外资金融机构进入日本，却很自然地向日本企业开拓业务，这和日本金融机构的风格明显不同。这样下去，日本金融机构的发展和存续都可能会面临很严峻的危机。包括友一在内，置身金融机构近10年、有着实际成果的从业者，都是这么想的。然而日本银行一贯对此置之不理，和当年“护送船队方式”[1]时期的意识一样，没有变化。友一感到自己的成果没有获得等价的回报，考虑跳槽到能够认可等值回报的外资银行。

在日本金融机构中，热爱银行的工作、能够获得收益的人才，逐渐外流。

## 消费金融

同样在金融业界，在超就业冰河期当中，某种意义上产生了招聘泡沫的，是消费金融业。

谷冈广树（化名，32岁），1999年3月从东京六大学[2]之一毕业，在求职期间，他收到了大型不动产公司、商品期货交易公司、大型消费金融公司等6家公司的销售职位录用通知。然而，认真研究这些给自己录用通知的公司，他发现不动产公司的负债利息数额很大，而且住宅建造商有明确的学校门派之分，想要出头基本上不

1　“护送船队方式”本指船队速度要与最慢的船只速度一致，为确保船队的行动统一，问题船只不会脱离队伍。“二战”后的日本金融业使用这一方式来防止金融机构倒闭，采用较多的行政指导确保金融稳定。

2　指东京大学、早稻田大学、庆应义塾大学、明治大学、立教大学、法政大学。

可能。所以他拒绝了其他公司，进入了可以凭实力说话的消费金融公司。

和广树一同进入公司的员工们，毕业于东京大学、早稻田大学等多所一流大学。大家加入公司的理由各种各样，有的人是只接到了消费金融公司的录用通知，有的人是因为在这里即使年轻也可以成为店长，获得高收入，然后存钱创业。泡沫经济崩溃后，银行采取了谨慎贷款的态度，所以给消费金融带来了机遇。各公司为扩大规模，努力留住人才。1993—2000 年，大型消费金融公司接连上市，知名度提高，呈增长势头。消费金融市场规模年年扩大，成为就业冰河期雇佣市场中的亮点。

广树进入公司后，即使在车站前的大街上发放纸巾广告，也感到很开心。他想着“成为店长的话，一年能挣 1000 万日元”，充满干劲。

第一年的月薪到手 26 万日元，年收入大概 500 万日元。他每天从早上 7 点 30 分工作到晚上 9 点，周六日加班也没有加班费。每个月的 10 日和月末是还款截止日期，广树为了收债和销售而奔走。

进入公司第二年后，广树升职为店长。店长的工资根据每个月店里的销售额来决定，他的到手收入有 29 万日元。公司规定，如果店长连续 3 个月无法完成贷款金额的目标，则会被降职。

为了达成目标，广树发放仅有一天的借款，也能算到营业额的账上。在信用检查中，篡改年收入来进行大量融资，即使对方是派遣员工或者打工员工，也会在文书上按照正式员工登记。即使感到

“啊，这种情况钱绝对收不回来吧”，也要先把钱贷出去再说。

收债的时候，给到期不还款的人打多少遍电话也不回，去家里拜访就假装不在家。有的家长有 50 万日元的借款，总是让上幼儿园的孩子先从玄关出来，然后假装自己不在家。广树在圣诞夜 7 点到对方家里一看，本人终于现身了。对方表示“我没钱”，但广树不在乎，哪怕只有 1000 日元，也必须要收回来。在向一位 21 岁的女性催款时，他把她的手机拿过来，说：“从通讯录上按顺序，从第一个开始给朋友打电话，让他们给钱。”终于把钱收了回来。

28 岁的时候，广树的年收入达到了 1000 万日元，然而完成业绩定额是极难的工作。而且，根据总部上司的好恶，也可能会遭遇降职。有一位有家庭的店长，由于上司一次不高兴，就被降为普通职员，到手月收入降到 20 万日元。对待员工，公司简直像是用后即弃一样，如果 3 个月无法达到销售额，家人都无法守护了。

不仅是这样的个人问题，恶性融资和催债等地下金融问题一被爆出来，对整个业界的打击加大，出现了“不要消费金融”这样的声音。由于大型消费金融公司相继被要求返还超征利息，产生了巨额损失，《出资法》的利息上限下调，规范强化，业界难有增长的希望。正如陷入“过度银行化”的银行被促使重组一样，“过度非银行化”的消费金融行业，也被迫面临着重组的局面。如果不按照法定利率经营，就会变成非法金融。这样一来，社会问题就会进一步扩大，消费金融的形象将会进一步恶化。

对于非银行化业界的前景，冈三证券的高级分析师服部实这样表示："消费金融业由于利率上限下调，即使有需求，也无法向积累的客户融资，所以业界处于收缩状态。当然，他们不得不削减支出，人力费用的缩减就成了问题。要不然就是工资下调，要不然就是人员减少，所以早期离职的情况逐渐增多。"

广树想，如果看不到业界本身的成长前景，在这里努力也没有意义了。如果要跳槽，只能是在 30 岁出头的时候，2007 年，他辞职加入了一家外资金融机构。

# 3. 7×24

## 长时间困在工作中

店长一人是正式员工，其他人都是非正式员工，这在流通业已经是理所应当的情况，便利店也是如此。然而，便利店一旦变成了加盟连锁店，也会有店长无法成为正式社员的情况，只能做合同工。

山田弘毅（化名，25岁），大学时代在一家大型便利店的加盟店里打工，他在店铺老板的劝说下，成了新店的店长。弘毅的店铺在埼玉县内的工业区附近，他担任店长前，先在总部进行研修，住宿一周参加培训，之后的一周在直营店排班实习。

在店铺中，弘毅的工作除了接待客人、打扫卫生，还有打工店员的招聘、教育，以及订购商品、营业额管理等。作为一年一签约的合同员工，他的月工资固定在25万日元，没有加班费，也没有奖金。他被老板命令，每天最少排班12小时。

一天的工作流程是这样的。早晨6点开始，店里就有人陆陆续续来买东西，所以在那之前，弘毅要完成店内、入口、店门附近、停车场等区域的打扫并扔掉垃圾。7点，许多客人一下子涌进来，他要专注应对收银的工作。到了早上9点，订购的便当到货，他要在接待客人的间隙摆货。中午12点前，饮料、店中心陈列的商品截止订货，所以要按时完成订货，并准备烹饪在店里销售的油炸食品。中午又是一大拨客人涌入，工作告一段落后，下午1点前要确认销售额，进行结算。他转到店后台，对着电脑处理发票。在接待、扫除、陈列、订货的循环往复中，弘毅没有时间休息。

由于店铺在工业区附近，许多客人是从事体力工作的男性。便当里销量大的是分量足的商品，150日元的低价饭团卖得更多。商品当中，便当是收益率最高的，有20%—30%的利润，为了避免订购错误和浪费，弘毅每天都要分析商品的销路。在营业额中，烟草只占全部的两成，利润低；如果营业额中第二位的米饭卖不出去，那就赚不出打工店员的人力费用。虽说弘毅是雇来的店长，但是也要这样一边计算一边运营店铺。

由于一些业务无法交给打工店员，店长在排班时间外工作的情况并不少见，困在店里的时间很容易就超过12个小时。总部的主管到店里来商量事情，就会耽误很长时间。即使如此，工作时间外的补助也一概没有，年收入正正好好300万日元。每个月到手的23万日元当中，要付车贷6万日元，5万日元交房租，再除去吃用的花费，基本剩不下钱。圣诞和新年等节日，打工的学生和主妇想要休息时，弘毅要率先值班，所以进入社会后，他一直没有和异性约会的机会。

一位前辈店长今年工作第七年，已经30岁了，却和弘毅拿着同样的工资。弘毅不由得想：“前辈为能够拥有自己的店铺而不断努力，但他和刚工作了一年的我拿着同样的工资，真是感到抱歉。”

对弘毅来说，令他尊敬的前辈让他工作积极性提高。虽说如此，一直这样下去，即使是店长，也是只有名义，合同工的身份让人不安。虽然店长的工资不算很差，但是店里的销售额增长，产生利润，也影响不了自己的工资，前景不明。他虽然想着“这样下去不行”，但是每天业务缠身，不能放着店铺不管出纰漏，也没有时间休假去找工作。弘毅为对店铺的责任感和自己的未来之间的矛盾而感到烦恼。

# 4. 价值很高，回报很低

### “我的目标，就是这条道路”

“我已经决定了我的目标。我想要致力于社会福祉这项事业，从事这份职业，能够让人们幸福度过自己的最后篇章。”

野田幸太郎（化名，24 岁）在大学入学不久后，就已经决定了将来要在社会福祉这条路上发展。由于家庭的经济情况，他在东京的夜间大学学习，从高中时代开始，就通过打工来赚取学费和生活费，大学入学后早上在便利店打工，白天也在做兼职。没有打工的日子里，在上课开始之前，他参加了志愿者活动，到老年公寓去清洁轮椅。

在工作中，他不经意间问那里的工作人员：“这里的工作很辛苦吧？”对方笑着回答：“很开心呢。大家都变得健康的话，我也会有更多笑容哦。”眼前爽朗的笑容，让幸太郎“不由得感到好厉害啊”。以此为契机，他开始思考未来的发展道路。当他和父母、友人、打工的前辈谈起自己想要选择看护这条路时，便遭到了反对，“现实可一点都不甜”。然而，面对大家的反对，他并没有屈服，向照顾父母的熟人、在当地从事看护工作的前辈等询问情况。他们表示：“虽然辛苦，但是能够照顾一个人生命的最后时光，是一份有着沉甸甸责任的工作。”“能够听到一句‘你来了真好’，真的感到很开心。”幸太郎还对看护行业进行了调查，找相关的报道、杂志和书来看，其中描写了看护界严峻的现实。即使这样，他的想法也没有动摇。在有了心理准备的基础上，他更加确信“自己的目标就是这条道路”。

不仅是老人，他也想要关心小孩子、身体有障碍的人、认知有障碍的人，他想要为无障碍社会而努力。能够实现这样的社会福祉的工作在哪里呢？通过研究，他发现，大型公司 COMSN 应该就可以提供这样的工作岗位。

COMSN 原属于人才派遣公司 Goodwill 集团，1999 年 7 月完全子公司化，2000 年参与到设施看护服务中，2004 年业务扩大到保育服务、宠物看护服务等。2005 年，其上门看护业务的顾客数超过了竞争对手日医学馆。收费老年公寓设施的数量也在 2007 年 3 月达到了 243 所，荣居首位，业务不断扩大。

在 COMSN 最后的扩张期，幸太郎同时收到了多家公司的录用通知，但是他还是希望从事综合性的看护工作，决定加入 COMSN。正式护工的基本工资是月薪 17 万日元，作为综合职员的幸太郎每个月收入 24 万日元。虽然没有奖金，但他想“可以在各种各样的工作中积累经验，没奖金也没关系”。为成为社会人做准备，他在学校时取得了家庭看护二级资格。毕业前，公司举行了入职前的“社会人研修”。

研修中会有严格的服装检查。自己准备的卡其色裤子搭配上公司发的粉色 Polo 衫，裤子的颜色稍微深一点，就要被训“这什么颜色”；指甲要剪到紧握手后无法留下指甲印的程度；头发也要剪到耳朵以上；如果打招呼的声音小一些，又会被怒斥。这些细节让幸太郎感到多少有些不适。就是这些细小的不适感，预示着公司的衰败，但幸太郎当时并没有意识到。

### 大规模裁员，然后就是过度工作

幸太郎进入公司是 2006 年 4 月，只有在最开始工作的第一天，和前辈一起到客户家里去。从第二天开始，前辈一句“这之后就你自己干了”，幸太郎就被抛在了工作现场。他被分配到自己家附近的业务点，从上午 9 点开始工作，到晚上六七点回来。然而公司进行了大规模的裁员，对事务所进行了整合，所以每个人身上的工作量大增。2000 年 3 月，COMSN 的业务额达 6.9 亿日元，与此相对，损失高达 69.4 亿日元，到 2000 年 6 月时，预计 2000 年 4—6 月有 100 亿日元的损失。因此，公司计划将业务点的数量从 1208 家减少到 731 家。约 4400 人的员工中，有 1600 人受到影响，公司征集员工去服务难以抵达的城市地区或令其自愿离职。

幸太郎所在业务点也被整合了，所以两个业务点的工作变成在一个地点进行，他被分配到市里的业务点。为了有效分配客户、记录考勤和管理员工，公司要求使用“Hyper Comicas”数据库系统。

幸太郎一般的工作流程是这样的：早晨 8 点到公司换上制服，开始访问顾客，对每位顾客进行大概 1 小时的身体看护和用餐帮助，然后骑自行车到下一家。一天平均转六七家，晚上 10 点结束最后一位顾客的看护后，再返回业务点，用电脑把一天的访问看护的内容详细录入系统。他需要录入顾客的身体状况、与顾客本人和家人的谈话记录，向看护支援专家（看护经理）报告。到顾客家访问一定要带着一式三份的记录纸，以确认服务的进行。记录纸需要顾客、业务点、总部三方保存，所以到了业务点之后要分开整理。然后他需要确认第二天的排班，经常一下子就忙到了半夜 1 点。一周能休息一天就不错了，然而在 Hyper Comicas 系统里，却变成了根据法律进行了休息。加班费每个月最多只能报 40 个小时。他想，这就是在报纸上经常被视为问题的服务型加班吧。然而，他又不由得想：“啊，社会人，大概就是这个样子吧。”

幸太郎加班到深夜是有原因的，那就是工作定额。

COMSN 中有被称为“路线单位”的工作定额。通常，看护报酬虽然在地区间有区别，但是一个单位用 10 日元来计算。用这个 10 日元一单位和访问过的路线相乘，工作定额就被称作路线单位。幸太郎就被上司命令说“一个人一天给我拿 1800 个单位”，那意思就是一天最低要进行价值 1.8 万日元的看护服务。

比如，身体看护中，换尿不湿和喂水这样的简单服务是 30 分钟，如果能卖出 231 单位，就是 2310 日元，换尿不湿、帮助进食、洗澡、更衣等服务一多起来，需要 30 分钟到 1 小时，那么就称为 402 单位，销售额是 4020 日元。由于有了路线单位的设定，为了达到工作定额，本应是护工的职员们也必须要努力销售。看护人员去拜访业务点的负责人，同时要和看护经理搞好关系，让看护经理分配更多新顾客。这主要是因为，2000 年 4 月开始实施的看护保险制度规定，市、镇、村要对需要看护者的状态进行认定，需要看护者被认定后，再选择提供看护服务的机构，接受服务。这个过程中，看护经理为了让需要看护者接受合适的看护服务，要制作看护服务计划，很多情况都是各机构一起合作，提供服务。

和看护经理保持联系，获得了工作。幸太郎表示："大多数时候，从早晨 7 点半开始到夜里 12 点，奔走路线能有 3500 单位。"也就是说，一天一个人的营业额就可以达到 3.5 万日元。

在人员不足的情况下，比较年轻的幸太郎经常被排到非常不合理的时间段工作。身体看护的实际工作时间是 7.5 小时，加上路上的时间，自然而然工作时间就变长了。另外，早晨 6—8 点和晚上 6—10 点的溢价率是 1.25 倍，晚上 10 点以后的深夜溢价率是 1.5 倍，所以护工们被半强制地承担了早晨和深夜的工作，以赚取路线单位，达到工作定额。

## 比起负担来，工作的价值更大

这种情况下，幸太郎勉强支撑的后果，是开始感到腰痛。为处于需要看护状态、躺在床上的老年人换一片尿不湿，其实是很重的体力劳动。他把手伸到老人身体的下面，为了给老人翻身，一边用一个很勉强的动作改变方向，一边为了支撑对方的身体，把老人的整个体重落在自己身上，这造成了腰部负担。虽然被上司训斥“这是因为你的技术不足，给我去研修”，但是由于一天要跑3万日元的路线，幸太郎没有时间参加研修。即使如此，比起自己的负担，幸太郎更多感到的是工作的价值。从和顾客的相处中，比起看护的技术，他更多学到的是人情。另外，因为他喜欢和老年人聊天，所以长时间的工作和服务型加班，也变得可以忍受。

进入公司第一年夏天的一个工作日，幸太郎刚想要照顾一名60岁的男士，一碰到对方的身体，他突然开始胡闹，照着幸太郎身上一口咬下去。血立刻渗到了幸太郎衣服上，伤疤过了一年还没有消掉。那位男士直到50岁都还正常工作，在身体垮掉后，只能躺着，话也渐渐不能说了。幸太郎了解了这位男士在接受看护前的日子，觉得“他一定是不想成为病人。对让别人照顾自己，讨厌到咬牙切齿啊”。虽然现在正常生活，但是人不知道什么时候就可能因为脑出血而变得无法行动，这样的现实一瞬间暴露在幸太郎的面前。

帮助排便和洗澡的时候，需要看护的男士配的是男性护工，需要看护的女士配的是女性护工。在公司中，这样的工作被称为“男勤”和“女勤”。需要看护的老人们即使是脑子不太灵活了，上了年纪，还是会有害羞的感觉。幸太郎要给老爷爷洗澡的时候，总感觉对方有些不安、没有精神。

“啊，即使是男勤来帮忙，老爷爷也会感到不好意思啊。”

不管是多大年纪，即使有了认知障碍，面前的护工穿着衣服，而自己却一丝不挂，这在某种程度上，也算是屈辱吧。意识到这点，幸太郎轻轻地把毛巾递给了老爷爷。老爷爷终于松了一口气，用毛巾把下半身挡住后，第一次对幸太郎露出了笑容。

在另外一家访问时，有一位爷爷一直处于卧床的状态，扶着床的栏杆，好不容易才能够坐起来。幸太郎一边给他擦拭身体，一边不断鼓励他：“您想要泡澡啊。为了能进去泡澡，先来好好吃饭吧。”于是老爷爷开始努力地吃饭，有了体力，逐渐变得健康起来。啊，果然人被激励一下就可以加油，幸太郎感到自己也被老爷爷鼓励了。

一位 79 岁的男性由于骨折等原因脚部变黑、动不了，他对幸太郎说：“想要一直让幸太郎君来，别的护工不行！”幸太郎拼命为他按摩僵硬的脚，通过足浴促进血液循环，洗脚后污垢逐渐脱落，完全黑掉的脚部恢复了皮肤的颜色，逐渐可以动弹了。之后，他还会和老爷爷说：“半年后想变成这样对吧？”“今天吃了好多饭啊，真厉害！”“接下来，试试喝这些吧！”每一句话都得到了回应。老爷爷排便困难要使用尿不湿，慢慢地他开始说：“我想要自己去厕所，自己进去泡澡。”对于这些顾客来说，一直鼓励自己、和自己说话的幸太郎成了他们的支柱，一句话就能够让他们想要更加努力。

老人们有了变化，恢复想要努力生活的力气，有人还对幸太郎说“非你不可”，令他十分开心。即使是雨天，他也穿上雨衣、骑上自行车，想着“客人还在等着，得赶快”，一刻也不迟地一家家上门服务。与此同时，即使是卧床不起已经有认知障碍的人，也对他依依不舍，对于幸太郎来说，“值得爱护”的存在又增加了。其中，和一位老奶奶的对话，令他终生难忘。

“下午好，奶奶，今天感觉怎么样？”

“啊，今天来了两个人吗？带（幽灵）来了呢。”

幸太郎心想，我只有一个人啊……苦笑起来。

有时候，老奶奶也会积极和他搭话。

“你小子，有女朋友吗？”

“很遗憾，没有哎。”

“我有 3 个女朋友呢。”

哎呀呀，你不是个女的吗，幸太郎想。

“我今天，稍微有点不舒服。”

“怎么了？”

“好像有了……”

“有了的意思是？”

“怀上了，你的孩子哦。”

对此，幸太郎目瞪口呆，只能是笑。

这样像是漫才的对话让幸太郎感到忍俊不禁。但是，他的腰痛加剧了，痛到不得不怀疑自己的工作方式。

## 看护现场激变的背景

幸太郎被布置了路线单位这样的工作定额，连吃饭的时间也没有，一个接一个地到顾客家中拜访。早饭是一个面包，有的时候在路上吃，甚至是一边骑自行车一边往嘴里塞。晚上返回业务点，一边工作，一边吃一碗泡面。有时候甚至一整天都没时间吃饭。夏天，他想着起码补充些水分，在骑自行车的路上，每天喝 2 升水。在进入公司半年后，幸太郎的体重掉了 10 千克。

从秋天开始，他感到腰痛得厉害。他拜托上司减少他的排班，但是由于护工的数量很少，上司没有给他调整。这是因为业务点整合前有正式员工 5 人、小时工 5 人负责照看 40 名顾客；整合后同样数量的员工要照看的顾客变成了 87 人。COMSN 经营状况恶化的背景中，有急于扩大看护业务的经营战略失败的因素，也有业界环境的影响。2000 年 4 月，看护保险制度开始实施以后，看护保险的费用增多，由于政府财政受到压力，所以看护报酬被下调，这也是经营恶化的起因之一。2000 年 4 月，看护服务使用者有 149 万人，2005 年增长了 121%，达到 329 万人，看护保险财政从 2000 年的 3 兆 6000 亿日元增长到了 2005 年的 5 兆 7000 亿日元。普遍认为，2015 年，“婴儿潮一代”将达到老龄期；2025 年，老龄化将迎来顶峰。另外，政府导入了预防看护服务，对需要看护的判定基准也进行了修改。比如，原本是“需要看护 1”状态的人，现在被判定为比需要看护状态要轻的“需要支援 2”。这样一来，根据新的制度，这样状态的人需要让新设的地区总体支援中心来制作《看护预防计划》，有时候要接受肌肉力量训练等预防看护的服务。因此，轻度需要看护者接受上门看护的机会就会减少，上门看护行业受到了影响。

在这样的大环境当中，公司收益提不上去，只能是用少量的人员最大限度地进行工作。幸太郎很难找到去医院的时间，他也希望腰痛是一时的。但是，在一个休息日，他开车去兜风，突然手脚感到一阵麻木。想要踩油门，右脚却麻得动不了，让他捏了一把冷汗。他只得用左脚勉强开车回了家。到了医院以后，他被诊断为腰椎间盘突出。

即便如此，幸太郎也无法休息。上司表示，无法把幸太郎负责的顾客交给其他员工。“对于顾客来说，安心感就是每天都有同样的护工到家中。非你不可。”被这么一说，幸太郎也是不得不去服务。然后他就继续工作，平均每天工作 16 小时，每个月的加班时间超过 160 小时。然而，加班费每个月只能付 40 小时的，工资到手大概 26 万日元。只有总部的员工有奖金。薪资体系与工作的价值和责任感成反比，他对此感到左右为难。

### 一纸文件

在这样的状态下，所有在现场工作的员工的目标，都是去总部工作。如果在 Hyper Comicas 系统中跑完 3 万到 4 万分的路线单位，那么就可以获得较好的人事评价，升职为中心负责人，然后可以调动到总部。正因如此，幸太郎才勉强着继续进行上门看护的工作。另外，在现场中，拿到护工一级，成了“服务提供负责人”的资深员工，马上就会得到调动令，不用继续排班。所以，剩下的员工的事务性加班逐渐增加。

幸太郎进入公司第二年后，上门看护产生不了利润，公司方面给收益高的老年公寓大方分配了新入职员，没再分配新人给上门看护部门。这样一来，上门看护的员工不足的问题无法得到解决。公司虽然说“满足顾客很重要，满足员工也很重要”，但也只是说说而已。

从 2006 年年底开始，公司被媒体报道，有不正当要求看护报酬的嫌疑。到了 2007 年开年，行政监察进驻各业务点，发现了很多问题，如人员标准的不完备、不正当要求看护保险费用支付等。对于这样的情况，总部一纸传真“嗖”地发了过来。“对于报纸上的新闻，本公司负有责任。COMSN 在看护行业的扩张到此为止。我们即将进入第三阶段。大家团结一致，加油吧。”

“一纸文件就想解决问题吗？这就是把现场工作的职员们当成傻瓜，明明是大家构建起了客户的信任……”

虽然幸太郎进入公司时间不长，但是也对形势看得很清楚了。这样下去的话，他也要变成看护服务的顾客了。

为了专心治疗以及找工作，2007 年 4 月，幸太郎从 COMSN 辞职。在那之后不久，COMSN 接受了厚生劳动省的处分，要退出看护行业。

## 特别养护老年公寓

COMSN 给员工们布置工作配额，制定不合理的排班表，以及出现不正当领取保费等情况，都是过度追求老龄化带来的商机，急于扩大业务而产生的负面影响。

团块世代纷纷到了退休年龄，看护需求的增加是实在可见的，看护行业的形势受到很多关注。然而，在之前不久，高中毕业生还憧憬从事看护和社会福祉行业，但在知道了实际情况之后，他们也对这个行业敬而远之，使得行业慢慢陷入了人手不足的状况。不断有年轻人像幸太郎一样，立志闯入上门看护的世界，最后也辞了职。居家型设施的护工，情况也差不多。

高桥玲子（化名，25 岁）在大学毕业后成为一名护工，她就职于一家在地方上开展看护服务的社会福祉法人特别养护老年公寓，是正式员工。在看护行业就职，除了 COMSN 这样的民间企业，还有社会福祉协会、社会福祉法人、医疗法人、NPO 法人、财团法人等选择。玲子就职的特别养护老年公寓，大多被叫作“老年公寓”，在业内被称作“特养”“特养公寓”。

玲子在东京市出生长大，大学时她进入一家市内私立大学，学习英文专业。有时，她每周只有 3 天有课，这让她有机会在老年公寓对看护工作有了入门经验，她感到“啊，感觉是很有意思的工作”。在美国交流的两个月，她在日本人和日裔美国人居住的老年公寓参加志愿者活动。到了大学四年级，她“朝福祉的道路努力”的决心更加坚定了。

大四的时候，周围的朋友都在找工作，玲子为了取得护工的资格参加讲座，到了冬天拿到护工三级资格。在人手不足的福祉业界，到了大四结束时还在招人，她参加了几家企业的面试。虽然某家社会福祉法人表示“只是护工三级的话没有办法成为正式员工，必须有看护福祉士的资格才行”，但是她还是被离家较近的一家社会福祉法人录用为正式员工，基本工资每月大概 16 万日元。玲子被分配到了一家新建老年公寓，3 层的公寓中房间配套设施完善，大概有 100 名居住者。一个楼层大概有 40 人居住，实行 24 小时看护。玲子是二层的负责人。

每层每天有 15—16 人管理，早班（上午 7 点到下午 4 点）、中班（上午 9 点到下午 6 点）、晚班（上午 10 点到晚上 7 点）、夜班（下午 4 点到第二天上午 10 点）四班倒。夜班后第二天原则上是休息日，但是时不常地也要工作。工作的基本内容是照顾老年公寓入住者吃饭、排便、入浴，再进行一些根据季节开展的折纸、绘画等休闲活动，做做体操，一天很快就过去了。入住的老人从 60 岁到 100 岁不等，有的人性格安稳，也有的人因讨厌换尿不湿而打人。在玲子负责的 40 人当中，15 人是可以独立生活的状态，也有 100 岁的女性卧床不起，但也没有什么病。她虽然还健康，但是儿子已经 80 岁，照顾不了她，于是她就住进了养老公寓。看到老人儿子没有精神的样子，玲子感到这就是老龄化社会的现实。

## 劳动得不到应有的回报

有一次玲子上夜班时，发生了一件令人震惊的事情。她陪同一直很健康的 92 岁老奶奶去厕所，脱睡裤的时候老奶奶摔倒了。玲子扶她到床上睡觉时，她一直说“好痛，好痛”，一会儿又说“好冷，好冷”，玲子帮她盖上了被子。忽然老奶奶的血压下降，在玲子与合作医院的护士联络完没过 3 分钟，老奶奶就去世了。之前也有负责的入住者被急救车送到医院，在医院去世的情况，但是在工作的 3 年间，入住者在自己面前断了气，还是第一次。

然而，她被工作追着，不能一直情绪低落。她对这样的自己也感到震惊。她一边想着“去世的老奶奶，一直都笑呵呵的啊”，一边更换床单、准备洗澡水、扫除……流水线作业，神经逐渐麻痹。虽然玲子感到抱歉，产生了“在这里的人们是快乐的吗”这样的疑问，但是她又必须断然想“这不是我一个人的问题”，否则工作就进行不下去。在时间上和精神上，玲子都被逼到绝境，自己和周围的工作人员都没有任何闲暇。突然，一名有点歇斯底里的入住者大喊大叫起来：“丢东西啦，丢东西啦，被偷了！”玲子一股火冲上来，说：“谁也没进屋里，哎呀，给我上那边去！”这样一来，她又陷入了自我厌恶中。这样的情绪反反复复。

玲子入职后的3年间，工作人员换了接近100人。根据看护劳动安全中心的数据，护工的离职率为20%，这其中，事务所规模越小，离职率越高，从业人员4人以下机构的离职率为48.1%，5—9人的为50.3%。玲子任职的公寓里，正式护工和非正式护工加起来一共有18人左右，需要照顾100个入住者，工作一直很繁重。玲子自己也经常想“啊，撑不住了”。第二年的时候，由于夜班压力，她患上了自律神经失调，一边吃精神安定剂治疗，一边工作。玲子到市里去都感到呼吸困难，没法坐上拥挤的电车。每个月有8天休息，但这也是因为值大夜班才有的休息，连续两天的休息日是没有的。休息日里，她疲劳过度，没法儿出门。工作第二年，玲子升职为主任，相应的业务量也增加了，每个月的收入还是十五六万日元的样子。即使加上夜班补贴，一个月也不足20万日元。她感到疑惑：“普通的女白领，到底能拿多少工资呢？”成为主任以来，玲子除了日常的业务，还多了策划休闲活动和仪式的工作。压力也增加了。

不仅是玲子所在的老年机构，在整个看护业工作现场，都在推行非正式雇佣。看护劳动安全中心调查指出，上门护工中，82.4%是非正式员工，像玲子这样的非上门的护工中，41.9%是非正式员工。玲子工作的地方，作为非正式员工的小时工大部分是40到50岁的资深护工。玲子的待遇绝对不能算好的，但是小时工的时薪是700—800日元。虽然这是和快餐店服务员差不多的时薪，但是他们却被要求和正式护工做同样的工作。公司里的小时工中，较多是离婚的单亲妈妈，因为有着养家的压力，必须要努力工作。

但是，不是所有的小时工都一直是认真工作的。有些老人的手活动不便，使用勺子还可以，但是拿不住筷子，需要护工喂饭，但是有的50多岁的护工就把所有的菜随便往饭上一扣，让他们自己拿勺吃；老人的睡衣就敞着也不给扣上；脏了的床单也不给换，放在那里好几天。了解到这些情况后，玲子必须要给她警告，但是被20岁出头的玲子警告后，那位护工明显表现出不悦的脸色。她的不悦可能是由于她工资低。通过用年轻人作正式员工，有经验的人作非正式员工，人力费用被大幅压缩。在看护业的工作现场，由于削减人力费而造成的摩擦多有发生。

不管怎么样都打不起精神来的时候，玲子也认真想过“想在‘漂亮’的地方做一份‘普通’的工作，试着做3个月的派遣员工”。但是，因为喜欢看护的工作，她无法辞职。这样摇摆的心情来来回回。在这时成为她的支柱的，是从事同样工作、比自己大5岁的男友。但是，作为正式员工，30岁的男友一个月工资也就16万日元。对于与他成为伴侣共度一生这件事，对将来的不安感无论如何都会萦绕心头。辞掉工作，寻找新的恋人吧——要说玲子没想过这种事情，那是骗人的。

但是，重新考虑下“为什么要做护工”，就很明确地可以找到答案——为入住者创造心情舒适的空间。玲子想，看到入住者开心的面容、变得健康的身体，所有的疲惫都烟消云散，焦躁的心情也不知何时没有了。“总之，还是喜欢这份工作，辞不了。但是，我起码想要休息。如果机构里增加一些护工，明明可以提供更好的看护服务……”

一份社会需要的工作，而且是一份很有价值的工作，这样工作的代表就是看护行业吧。但是，这样的劳动却没有得到应得的回报。

# 5. 受到法规放宽的冲击

## 出租车司机

放宽法规，就业者增多，出租车行业简直可以说是接盘失业者的地方。在供给过剩的情况下，燃油费又高涨。根据厚生劳动省《工资结构基本统计调查》（2007 年），出租车司机的平均年收入约为 342 万日元，与各行业的平均值 554 万日元有很大差距。出租车司机的平均年龄高达 55.9 岁，基本都是男性。最低工资不尽如人意的、情况多发的出租车业、货车业以及包车行业中，正式员工的情况如何呢？

北林俊（化名，38 岁）目前在东京市内大型出租车公司任正式员工，他从事司机这个职业已经 10 年了。

俊从工业高中毕业后，1988 年 4 月，作为应届毕业生进入了大型运输公司，起薪到手 18 万日元。运输公司的工作是早上到各点配送，下午再到顾客那里取货。那时经济形势还不错，业务很多，早晨 7 点 30 分早会过后，在外奔走一天，有时候赶不上末班车，就在货车里睡觉。俊每天往返于家和营业所之间，等回过神来，已经是在搬运货物了。俊基本没有自己的时间，休息日就是一个劲儿地睡觉。

那时俊才十几岁，但每天一次徒手装卸装有接近 100 份业务用小麦粉等的袋子，以防破损，长时间如此。虽说他的工作是司机，但其实是个体力劳动工种。两年时间里俊存了 200 万日元，但是他辞了职，“再这样继续工作下去，身体受不了”。在此之后的 5 年里，他在一家消费金融公司担任正式员工，最开始每个月到手 16 万日元，5 年后达到了 21 万日元。他的同事人很好，销售工作也很新鲜有趣，但是后来，他被调到另一个部门，去逾期的债务者那里收债，他便离了职。每天不断打电话催人还债，让他心里很难受。现在想想，那时来结款的出租车司机很多，后来俊自己成了出租车司机，经常想起那时打电话催债的情景。

25 岁的时候，考虑到和女友的未来，俊去了一家知名度很高的大型运输公司工作。听说合同工入职一年后，不仅可以有完备的社会保险，还有机会被录用为正式员工。他决定加入这家公司。虽然是合同工，但是每月到手有 30 万日元，可以说待遇优厚了。

公司为确保安全，有很严格的规定，在高速公路上必须严格按照每小时 80 千米的速度驾驶。一旦违反速度规定，司机就要被降职到场内搬运货物。货车如果发生碰撞事故，即使是轻微事故，总部的教育部门也会马上赶来，营业所三四十人全体下班后留下开会。

工作虽然管得很严，但是收入不错，还可以忍受，由于休息日过于疲惫，女朋友看到俊一直睡觉的样子，催他辞职，“长期这样下去，身体受不了”。

1998 年，俊成了出租车公司的司机。在出租车公司，每个月的营业额有“合格线”这样的定额，完成基准额的话，公司将收入的约六成作为工资支付。合格线是每个月约 50 万日元。俊刚成为出租车司机的时候，每天不顾一切地拼命跑活儿，平均每个月能到手 22 万—23 万日元。刚进公司时，他需要从上午 10 点工作到第二天早上 6 点，困在工作中 20 小时，下班后休息，然后再上班。他主要在东京市内的 23 区揽活儿。逐渐地，他的排班时间变成了最能接到客人的下午 4 点到第二天早晨 4 点。

2002 年，日本修订了《道路运输法》，放宽了准入规定。之前根据区域，考虑供需平衡，新加入出租车业和增加车辆，需要获得批准许可。规定放宽后，只要满足确保车库等一定的条件，很容易就可以加入出租车业、增加车辆。

俊确实感到，比起规定放宽之前，在街上跑活儿的时候遇上客人的概率降低了。之前一天的收入能有 2.5 万—3 万日元，但是规定放宽后，有时候只有 1.9 万日元。大街上不认识的出租车从业者也确实增加了，看到东京足立区的号码牌的频率增高，“一定是因为足立区房租低吧”，他切身感到了因赚钱困难、碰运气转做出租车司机的人增加了。

虽然如此，但是不到街上去跑，就揽不到乘客。由于想要找到乘客，司机不知不觉就会东张西望，为了不出事故，经常要绷紧神经。但是有一天，俊像往常一样跑活儿，反向车道上堵车，他大概以每小时 30 千米的速度在驾驶，从堵车的车流当中，突然有一位骑着自行车的老人飞到自己眼前，他急忙刹车，但是没来得及，车撞到自行车的瞬间，他脸都吓白了。

由出租车引发的交通事故数量在增加。在处于饱和状态的市场中，司机不断勉强驾驶，结果引发了事故。俊引起的事故虽然不是由过劳造成的，但是事故确实是事故。对方很幸运，10 天后就痊愈了。自那天之后，俊停止了“揽活”，而是开车到医院、乘车点之类的地方等待。

### 专车公司司机

在专车公司工作 8 年的大村大介（化名，31 岁）本来是货车司机。像俊一样，如果当出租车司机的话，大介不喜欢因为寻找乘客而无法集中精力驾驶，所以他成了专车公司的司机。

他在高中一年级时退学，做了一阵粉刷、卖鞋、建筑工等零工，每个月能有 25 万日元的收入。很喜欢车的大介，19 岁拿到了普通机动车驾驶执照之后，由于当时这样的驾照可以驾驶 50 吨以下的货车，他马上就加入了一家有小型货车的中小运输公司当正式员工。他的工作是向建筑工地运送材料，早晨 6 点出家门，将钢筋和重型设备用吊车装进货车车厢，然后送到工地。为了可以把钢筋吊起来，需要获得“挂钩作业”的从业资格，所以在进入公司后，他参加了技能讲座，取得了资格。每天，他在尘土飞扬之中，夏天的烈日之下，在快要晕倒的感觉中堆货、卸货。

21 岁时，他拿到大型机动车驾驶执照，以此为契机跳槽到了一家大型货车公司，每个月工资 25 万日元。根据行车距离再获得提成，一个月可以挣 35 万—50 万日元。虽然是正式员工，但是他并没有参加社会保险，周围的人对此也是默许的状态。但是，在日常生活中就可以体会到没有加入保险的恐怖之处。

有一次，大介用吊车将重达 1 吨、长达 8 米的钢筋装进车厢的时候，挂钩快钩不住了，钢筋在空中旋转，向他的身体摆过来。他来不及躲避，被甩到了车厢数米外的地方。幸运的是，他没有受伤，但是那会儿他才 20 岁出头。有好几次从车厢上面头朝地摔下来，他感到人身安全得不到保障，“说不定什么时候就死了”。于是他在 24 岁的时候转行加入了专车公司。

田中伸二（化名，37 岁）也是从货车业转行到专车业的。伸二从首都圈的高中毕业后，通过毕业生招聘加入了当地的中小型运输公司。他选择了一家可以成为正式员工、提供社会保险的公司。

伸二每天把装着塑料原料树脂、重 25 千克的袋子堆到货物垫板上，用货车运往工地。为了获利，定量 10 吨的卡车上，堆了 12—15 吨的货物。只是超了 3 吨的话，警察也只能睁一只眼闭一只眼。但是等待红绿灯的时候，从轮胎下沉的情况中一眼就能看出超重的程度，这时就会被警察拦下，然后被带到过秤处测量货车的重量。

伸二每月到手的收入是 25 万—30 万日元。他想要专注于远距离运输，多挣点钱，这样一来，回家的时间就很少了。30 人的公司里，很多都是年轻人。因为在中小规模企业中，手堆货物等工作较多，如果不是年轻的话，干不了这样的活儿。企业开始了不留库存战略之后，用 4 吨货车可以维持生计的工作逐渐减少。22 岁时，他取得了“货车小子”所憧憬的、在业界有地位的大型机动车驾驶执照，想要找一份更加安定的工作，于是跳槽了。

自从他可以驾驶大型货车之后，每个月的收入上升到了 35 万—40 万日元。他的工作是快运，是为临时货物运输工作提供的一种运输服务，他主要以食品制造商为中心，开着货车在仓库和批发商之间奔走。但是，在工作中，他也是要一个人徒手装卸 25 千克一箱的脱脂奶粉，总共 12 吨重，这导致了他的腰痛。

腰痛不能硬干，他于是转向了没有徒手堆积作业的自动卸货卡车。这种卡车是用控制杆操作，把建筑工地的剩土运到丢弃处和安置处，所以没有对身体的负担。每天收入 1.6 万日元，工作来得顺利的话，每个月收入能有 32 万日元，但是没有加入社会保险，日薪制收入不稳定。伸二 29 岁的时候，在结婚前夕，考虑到收入的稳定性，便入职了专车公司。

他多年的工作经验被认可，开始负责客户企业的干部用车。专车公司的车辆中，企业经营者有的时候在手机中谈论要事，有时候相互探讨公司内部的人事话题。他默认，这些话都是不能外传的，但是不少话都是真的说到了他的心坎上。每年，人力费用一被削减，他就感到“司机的人力费用如果削减过度，可能会引发道德风险，造成信息泄露”。

从一位给媒体开车的友人那里，他听到了这样的话。

“工作时间很长，在睡眠不足的状态下，在半夜、凌晨的高速公路上，多少次都差点睡着了。虽然坐车的人有很多是记者，但媒体里的合同员工也在增加。看着那些为了采访而奔走、夜访朝探的身影，我想记者的工作非常辛苦啊。有时听说，记者中的非正式员工雇佣期限有限制，而且月收入也就 20 万日元左右。我想着，既然不能成为正式员工的话，还不如从最开始就不要雇人家。”

伸二感到，那位记者的身影和自己的重合了。

在司机的世界中，不管是货车、出租车还是专车，根据经济形势，什么时候会变成什么样，无法预测。即使是正式员工，比起基本工资来，提成的部分更多，和合同工没有什么区别。国家喊着让年轻人缴年金保险费，但是由于劳动法规的放宽，增加了收入不稳定的派遣员工，可以说是自相矛盾。增加没有保障的派遣员工和合同员工，国家无非是在制造个人破产者和无业年轻人。

日本经团联在“区分使用正式员工和非正式员工”的概念中所说的“核心员工”，不应只限于属于某个企业的正式员工。我们不应该忘记，自己周围的劳动者也发挥着重要作用。

# 6. 无法把生命托付给这样的工作方式

## 高离职率

离职率 16.8%。

这是从日本护士协会进行的 2007 年医院护士实态调查中了解到的全职护士离职率的最高值，这个数字出现在大阪府。日本全国平均离职率为 12.4%，东京都和奈良县是 16%。东京 23 区、政令市 1 全职护士的离职率也很高，有 14.9%。新毕业生护士离职率也不低，全国平均为 9.2%，人口稀少的市村町为 10%。人员配置越少，离职率越高，每 7 个患者配备一个护士的“七对一”护理体制下，全职护士离职率为 12.4%，新毕业生护士离职率为 8.5%。伴随着患者的增多，离职率增高，在“十五对一”的情况下，全职护士离职率为

1 日本政令指定都市是根据日本《地方自治法》的大都市制度，全市人口 50 万人以上的城市，被行政命令指定后可以拥有更多的地方自治权利。

14.1%，新毕业生护士则为 14.6%。

日本医疗工会联合会的中央执行委员长田中千惠子，她本人曾当过护士。对于护士的高离职率，她这样表示：

“刚毕业的新人入行前两年，还在为了记住工作流程而拼命努力，但到了第三年，他们开始教新人，工作量增加。另外，特别是独立行政法人的大学医院当中，伴随着独立法人化，人力费削减，根据个人情况不同，护士的年收入可能下降上百万日元，薪资体系变得不能够再聘请资深护士。所以，资深护士辞职，年轻护士的压力更大了。护士的工资虽然不像护工那么低，但也是值夜班、一站站一天、来回走动的工作，非常劳累。在疲劳过度的情况下辞职的非常多。”

根据日本医疗工会 2006 年 1 月进行的护士的工作实态调查，2.9 万名平均年龄 35.9 岁的受访护士中，“对健康感到不安”的占 64.7%，有“慢性疲劳”的高达 77.6%，回答“想辞职”的达到了 73.1%。这其中的理由包括“工作太忙了”（37%）、“工作没有成就感”（22%）、“无法进行应有的看护”（17.4%）。在过度劳动的情况下，表示“能提供充分的看护”的人仅有 8.1%，其中理由包括“人员太少了”（55.7%）、“业务过于忙碌”（53.9%），回答“最近 3 年出过差错或者差点出问题”的人有 86.1% 之高。

医疗现场发生的劳动问题，是关系到患者性命的重要问题。如果把这当作别人的事儿，那说不定什么时候就会反过来波及自身。无论是护工还是护士，都是对社会来说非常重要的职业，虽然如此，但受到政策的强烈影响，这些职业的职场环境很难得到改善。另外，对于不在这个行业的人来说，这类工作的艰辛程度是很难想象的，动不动就会有“收入高，不是不错吗”的误解。护工和护士大多数在专门学校等地方学习，医生更是要在大学进行专门的学习，如果没有从事这类职业的熟人的话，大概很难理解这些职业。

## 蔓延开来的伪装承包

“累得不行了，我想要辞职了。”

加藤小百合（化名，29 岁），不时想从繁忙的工作中解脱出来，但经常又转念一想，还是作为护士继续工作了下去。

小百合在高中毕业之后，上了专门学校，然后加入大学医院的急救中心开始工作。由于患者都是在交通事故、自杀、全身烧伤这样的惨状下被运过来的，最开始的时候，她会跑到厕所里哭。但是很快，因为工作有着“挽救生命的作用”，她的内心变得更加强大起来。如果交班之前有患者被运来的话，她就要继续在手术室待上好几个小时。有些重症患者无法被运到手术室，就只能当场进行手术。每天就是这样紧迫。患者在从急救车运到手术室的途中手脚断掉的话，护士就给拿着。有时候，不仅是急救医生，还有整形外科等专科医生聚在一起进行诊断，护士给病人打点滴，抓紧时间准备手术。患者的生命得救的瞬间，终于可以松一口气。

不过，在大学医院中，由于要求有学术方面的学习，小百合要准备向护理学会提交的资料，在工作时间之外，也必须要去医院。本来光是急救中心的工作就已经很繁忙了，她完全陷入了过劳之中。

在大学医院工作了6年，小百合感到“累得不行了”的时候，她和恋人决定结婚。以此为契机，她辞去了大学医院的工作，开始到诊所工作。在急救中心，她看护过各种各样的病人，学到了很多，她感到，如果在诊所也无法缓解她的疲劳，那就辞掉护士这份工作好了。从大学医院辞职之前，她利用休息日，到护士专业的派遣公司去做夜班的兼职。

根据《劳动者派遣法》，护士、医生等职业的派遣被限制为“一时的、临时性的”，但是正式员工讨厌夜班，不少医院和养老院都是让派遣员工来上夜班。此外，由于人力费用的削减，医院开始了门诊护士的非正式雇佣，越来越多的医院实际上是用兼职员工、派遣员工在维持工作。因为法律禁止单位经常性地接受派遣员工，所以在这种情况下，工作者本人可能觉得自己是派遣员工，但是派遣公司很有可能签订了“业务承包合同”，这样一来，就和工厂的伪装合同一样，对医院的护士进行的伪装承包极有可能正在蔓延。

小百合后来加入的诊所中，也有派遣公司来的护士。但是，小百合自己、派遣员工本人以及诊所里的任何人，都不知道这是违法的。

在诊所中，基本工资是每个月25万日元，加上夜班补贴，一个月收入能有34万日元。但是，这份工作和急救中心的工作有很大不同，工作的内容是打点滴、注射、测量血压，以及在夜班时巡视住院患者，她感到有点不满意，“没受过护士培训也能做这些工作”。一年以前，她与丈夫结婚买房，要付贷款，他们的收入算不上优渥。丈夫在大型汽车制造商工厂虽然是正式员工，但是连续工作 10 年了，月收入只有 19 万日元。如果小百合辞职的话，对家里的经济状况会造成影响。而且，到了这个阶段，别的烦恼也来了。

小百合马上就到 30 岁了，她自己、丈夫，以及双方的家人都盼着他们能有孩子，她通过测基础体温等方式为怀孕而努力，但是她和丈夫都有夜班的工作，一旦上夜班，身体的节奏就会混乱，导致受孕困难。护士经常有挪动患者身体这样的重活儿，一直站着工作，所以就算是诊所的工作再怎么轻松，流产的可能性还是很高。如果现在换工作的话，工作从零做起，不得不重新建立工作和人际关系，换工作后立刻怀孕也会给公司添麻烦。小百合在怀孕和工作的选择之间持续纠结着。

日本医疗工会指出，人的生理机能是日出而作、日落而息，白天交感神经活跃，适合劳动，夜间副交感神经占上风，处于适合睡眠和休养的状态，血压、体温、脉搏、电解质、荷尔蒙等一起协调发挥作用。上夜班会使女性患乳腺癌的风险增高（美国哈佛大学调查），男性患前列腺癌的风险提高到 3.5 倍（日本睡眠学会调查）。根据这样的调查结果，日本医疗工会控诉长时间工作、两班倒的弊病。两班倒的好处虽然是削减成本，但其代价对工作方和患者双方来说都是巨大的。

## 工作的需求增加，辞职也不断增加

两班倒之下的夜班进一步压迫结婚和生育适龄期护士的生活。杉田由纪（化名，36 岁）是一名在著名大学医院工作的资深护士，她的危机感正在加剧，“国立大学医院独立行政法人化以来，年轻的护士们不断辞职”。

有 16 年护士经验的由纪已经有了宝宝，一边有父母帮着带孩子，一边顺利地在工作和育儿上努力着。但是，她的后辈们一个个以结婚、怀孕为契机，来找她商量，表示“想辞职”。瓶颈就是夜班。至今以来，怀孕和有孩子的护士们被调动到门诊，虽然多少有些加班，但是工作时间比较规律。但是，大学医院独立行政法人化以来，人力费用削减，所以门诊的护士大多数变成了兼职或者派遣员工，没有正式员工可以加入的空间。假设有职位的话，在很少的正式员工当中，责任和工作量都有所增加，他们处于没法儿休息的状态。

这样一来，护士中的正式员工无法从病房工作中逃离，只能认真值着夜班。工作现场运转非常紧张，怀孕的护士们也不得不值夜班。所以，有些护士因担心流产而辞职。即使是可以忍受夜班，生了孩子以后，如果在夜班的时候没有人照顾孩子，或者无法把孩子放在保育园的话，护士们就被迫要在育儿和工作当中二选一，然后辞职。

人力费用的削减是很明显的，在独立行政法人化之前，由纪的收入含夜班补贴最高每月可以拿到 44 万日元，现在降到了 33 万日元。

为了提高病房病床的周转率，只要床位空着，医院也会让其他科室的患者住进来。院方对 75 岁以上的老人表示“因为会得糖尿病”，建议注射胰岛素，要让独自生活的老人记住胰岛素的注射方法。看到这种状况，由纪想：“如果打得不正确，反而不好，这都是没有必要的治疗。”当有老人在住院期间因肺炎而去世的时候，由纪这样想：“护士给老人认真刷牙的话，会降低引发肺炎的概率。老人由于肺炎而去世，有时候护士也是有责任的。但是，在现在的体制下，完全没有那样的时间。”

如果护士疲劳过度，国家不去创造让他们不离职的职场，不去确保与资深护士相匹配的劳动条件，即使引入外国劳动者来凑数，也是改变不了现状的吧。

日本政治家福岛瑞穗认为：“由于护士的高离职率、医院破产、医师护士的不均，从现在开始，地方逐渐被抛在后面。政府根据经济财政运营基本方针，到 2011 年度每年削减 2200 亿日元的社会保障费，这种政策的恶劣影响就波及了医疗现场的工作人员。医院陷入了破产的境地，更加容易抛弃弱者。”她对政府的方针一直提出反对意见。

如果不重新审视医疗制度，考虑医疗现场的劳动环境，挽救生命的护士们就要没有了。这样的情况，已经发生在了年轻人群体中。

# 7. 虽被称作医生，但也是个打工人

## 无法雇用正式员工

如果自己去看的牙医是打工员工，大概很多人会对此感到震惊。

根据厚生劳动省的医疗设施动态调查，2008 年 1 月底的牙科诊所有 6.784 万所，大概是便利店数量的 1.7 倍之多。从牙科医生的数量变化来看，1982 年有 5.8362 万人，每 10 万人有 49.2 个牙医，到了 2006 年有 9.7198 万人，每 10 万人有 76.1 个牙医，呈现出饱和状态。现在，牙医行业中，打工工作这种雇佣条件也盛行开来。

20 年以前，就有预测指出了这样的态势。厚生劳动省 1997 年设置了“关于牙科医生需求的研讨会”，针对牙科医生过剩的问题进行讨论。当时，厚生劳动省已经指出了牙科医生过剩造成的劳动条件和劳动环境的恶化等问题。

2006 年，在诊所工作的牙科医生占 84.7%，这其中诊所开设者为 60.7%，工作人员为 24%。在这两成的工作人员中，既有全职员工也有临时工，不管是哪种情况，实际雇佣形态都是打工。这其中的很多人，无法加入社会保险，即使可以加入，很多也是自己全额承担本应由公司承担的部分。牙科医生们考取了国家资格，却被迫处在工资低、不安定的雇佣环境中。

怀有工作热情的年轻牙科医生们，对于在诊所的工作方式和院长的诊疗方针怀有很大的矛盾。“从早到晚一直在工作，虽说自己是取得了国家资格的医生，但也是在打工，年收入只有 360 万日元。”

在牙科诊所被人叫医生的山名香织（化名，30 岁）讲述了自己的经历。她 2004 年 3 月研究生毕业，入职市中心的一家私人牙科医院。每天工资 1.6 万日元，雇佣形态是打工，虽然医院给她办理了厚生年金保险和健康保险，但是她没有加入雇佣保险和医疗过失保险。她也没有奖金，年收入只有 360 万日元左右。

每天 9 点 40 分上班，有患者的话，工作时间外也要诊疗，夜里 9 点诊疗结束就算早的了。但是，即使在规定工作时间外工作，也都是免费加班。香织在牙根的治疗等方面非常认真，但那属于保险外的治疗，院长怒斥她说：“不要在那种不挣钱的治疗上花费时间！”

院长、分院长和香织三人运营着两家医院，所以她难得休息。在诊疗中糊弄着休息一下，也就是偶尔在间隙中喝口水。没有患者的话，又要赶紧去做洗衣服这样的杂务。诊疗结束后，还要开会，等回到家时已是深夜。月初时，她要把上一个月的诊疗报酬明细输进电脑。休息日时，院长不工作，把医院交给香织一人，即使每个周六日都工作，也拿不到休息日补贴。

一直到研究生毕业，香织大概花了 3000 万日元学费，这些钱可以在地方上建一所独栋房。用了这么多钱，通过国家牙医考试，每天治疗患者忙得头晕眼花，但是连保险治疗的保险额都赚不到，6 年间收入都没有涨过。明明有了一份可以谋生的职业，但自己这不就是穷忙族吗?

香织有这样的感觉："这样下去的话，牙医连生活都维持不了。这种情况下，仅进行自费治疗的医院会增多，只有有钱人才可以接受治疗的时代即将来临。"

2008 年 3 月，香织辞去了牙科医院的工作。

虽说是想要拥有发展事业的技能而成了牙医，但是收入未免有点太低。过去的情况可不是这样的。日本牙科医师协会指出："牙科医院中，没有了雇佣全职牙科医师的经营环境，这样的情况确实在增多。牙科医院数量的增加和诊疗报酬的多次下调等多种原因夹杂在一起，开始对雇佣形态产生了影响。牙科医院保证收入变得困难，由此引发了牙医员工从非全职转为全职也变得困难，这种情况在这些年开始出现。"

医疗行业的经营困难导致了非正式员工化，对治疗体制也产生了影响。

# 第三章

# 摸索之中

# *1.* 飞到中国去

## 抛弃日本职场，到中国开启新天地

在日本残酷的工作中，为了改变环境、提升技能，到中国去的年轻人正在增加。

根据文部科学省的统计，包含在校生、毕业生等在内的赴中国留学生在 2004 年达 1.9059 万人，比 2000 年增加了 38%。而赴美国的留学生从 2000 年的 4.6497 万人减少到了 2004 年的 4.2215 万人。

让我们来看看外务省的《侨居海外日本人数调查统计》（2007 年版）。2006 年 10 月 1 日侨居海外的日本人有 106.3695 万人，逐年上升。居住海外 3 个月以上的长时间侨居者中，从国别来看，第一位是美国（24.6988 万人），第二位是中国（12.4476 万人）。从城市来看，第一名是纽约（4.8439 万人），第二名是上海（4.396 万人），差别比上一年缩小，上海正在追上纽约。这次的调查中，长期侨居者的地域比例，第一名和第二名发生反转，亚洲成为首位。这是日本企业进入中国产生的影响。

在这其中，不少年轻人想要从本书第一章和第二章中报道的日本“悲惨职场”中摆脱出来，到中国开启新天地，走上新道路。

## 在广州成了代理社长

“在日本，有的时候每个月工作超过 410 小时，没有工夫思考自己的人生。在中国工作，终于可以有享受生活的富余时间了。”

中村柔刚（35 岁），本来在日本的 IT 企业工作，是一名系统工程师。后来他来到中国，获得了日本大型综合商社现地法人系统开发公司的代理总经理（代理社长）的职位。

柔刚高中毕业后，从美国俄亥俄州的短期大学毕业。回到日本之后，1996 年到一家软件公司担任系统工程师。那时正值互联网刚刚开始普及，他要构建客户企业的网络，制作公司内部的系统管理程序，手上的客户经常超过 10 家。柔刚所在的公司就是首个开发自由操作主页文字大小程序的公司。他能够搞定来自客户的不合理的技术需求，在工作中大显身手。柔刚尝试着新的技术，对自己的领先感到十分开心。

但是，长时间工作成为常态，一不注意，自己就在电脑面前僵坐很久。入职后的半年中，能够晚上 8 点走出公司的时候只有一次。同事处在过劳死的边缘，先后辞职。辞职的同事中，有 3 人得了抑郁症。

柔刚进入公司的时候，年收入 400 万日元，入职 8 年后年收入达到 900 万日元。但是他感到“工作太过忙碌，交女朋友的时间也没有。这样的话，自己不知道是为什么而工作、生活”，这样的想法越发强烈，他选择了辞职，目光转向经济增长势头强劲的中国。

2004 年，柔刚在北京的清华大学留学结束后，开始求职，在大型派遣公司 PASONA 在中国开展的人才介绍公司 PASONA 上海登记了自己的信息。他的目标是经营企业，想要从事管理职务。很快，他就确定了入职大型综合商社在中国成立的现地法人系统方面的子公司。2006 年 11 月，他作为代理总经理被录用，在广州开始了工作。每个月的工资为人民币 1.8 万元（约 27 万日元，按 1 元人民币 =15 日元计算）。他的工作包括总务、人事、销售，这是他第一次尝试管理职务。公司的业务内容是对进军广东省的日本企业进行系统构建和管理。当时在求职中对接柔刚的西川裕美（28 岁）说：“中村先生在之前的工作中有项目管理的经验，工作成绩受到好评，被各个公司争抢。像他这样，月薪超过人民币 1.5 万元的情况非常少，在当地一下就被录用为管理职务的情况更是罕见。”

柔刚拓展人脉，一拿到新进入广东的日本企业的信息，马上进入销售阶段，他一边计划获得从搭建到系统开发的网络和电脑管理业务，一边把客户首次扩大到大型通信公司和大型汽车制造商。

柔刚在中国成功的秘诀是灵活运用中国员工，把中国人提拔到部长级，成为公司的二把手。他给中国员工进行差异化薪资设置，从人民币 2000 元到 1 万元不等，激发出大家工作的干劲。他表示

“即使在日本企业，中国人也可以晋升”，努力提高员工的士气。被提拔为二把手的中国人，比日本人的日语都要好，销售能力也非常优秀。因为高层有了这样的中国人，中国员工的积极性才能增强。

“在中国工作，虽然不能说是简单，但是考虑到日本的工作方式，还是比较轻松的。现在，周六日也可以有闲暇出去玩。与其说日本的职场烦人、工作辛苦，不如说是在新天地接受新的挑战让人备感期待。”柔刚想要一直在中国工作下去。

日本企业驻在员和管理层只会日语，听不懂普通话和粤语。所以，他们无法和中国员工交流，员工积郁不满、马上辞职的情况经常发生。柔刚为了能够不错过公司内部不满的声音，掌握了粤语。

## 当地招聘的限制

濑户凌乃（化名，34 岁）就职于一家人才商务公司，她所在的公司致力于把在日本想要到中国工作的人和中国当地企业联系起来。凌乃像前文中的柔刚一样，也是对日本的工作环境感到苦恼，来到中国的其中一人。

凌乃曾在东京首都圈支援身体残障人士和老年人的机构中工作。在她的高中时期，游泳部的朋友在社团活动的事故中，全身麻痹，突然就不得不使用轮椅生活。以此为契机，她走上了福祉事业的道路。

当时的凌乃恨不得马上就可以进入福祉行业。高中毕业后，她进入专门学校学习，两年后入职。虽然凌乃对护工的职业怀有使命感，也感受到了工作的价值，但是也体验到了一些让她精神上受不了的事情。有的身体残障人士由于自己的原因受伤，家人反而以“机构职员有问题”来提起诉讼。30 岁的时候，凌乃想：“在这个行业继续这样下去，会对社会福祉感到讨厌。”就暂时决定从福祉行业离开了。

凌乃从 25 岁开始，就通过大学的通信讲座来学习中文，因为想到“中国和日本都面临着老龄化社会的问题，必须要想想什么办法”，所以她为了写毕业论文辞掉了工作，到北京留学。以此为契机，她想要在中国工作的想法越发强烈。2004 年，她加入在上海的一家日资人才介绍公司，以当地聘用的员工身份开始工作。

在那之前一直在福祉行业工作的凌乃，对于民企工作的商务礼仪、电脑技能等一窍不通，但是她一点点掌握了这些工作技能，投身企业研究、参与销售、同登记信息者商谈，埋头于人才介绍的工作中。

她调查中国和日本的经济，以及雇佣形式、行业动向等信息，来进行人才匹配。如果哪方面有问题，她就开展座谈会来看看怎样可以改善，这样就给自己的工作带来了很多附加价值。凌乃认为：“在中国，不分男女，只认努力。”

凌乃在转眼间就变成了管理人员，既管理日本员工，也管理中国员工。

但是，在工作的 4 年中，她也开始感受到了“当地招聘”的限制。不仅是她所在的人才介绍公司，日资企业大多数也是通过几年调动一次驻在员来调整高层，当地录用的人才不管多么优秀，都看不到未来。当地聘用归根到底就是当地聘用，合约一年一签，工资每月最高 1.5 万元人民币，这种情况和日本的派遣员工差不多。晋升的话，也是到主任这种级别，再往上的职位就不向中国员工敞开了。实情就是，只有责任增加，而工资并没有随之上涨。另外，如果总部决定从中国撤出，就不会继续和本地员工续签合同。最近，越来越多的日本员工的起薪也就每月 8000 元人民币。另外，一旦 2008 年 1 月，中国的《劳动合同法》施行，要优先保证中国人的雇佣，如果日本人在中国从事的和曾经在日本时不是同一职业或同一行业的工作，就很难拿到工作签证。这样，日本人就无法像凌乃这样，在中国转变想法、从事新工作，日本人在中国的当地雇佣，在幅度上正逐渐受到限制。

此外，随着年龄的增加，凌乃也面临着一些女性特有的烦恼。凌乃还是单身，没有时间谈恋爱，不顾一切地一直工作，她马上就 35 岁了，考虑到结婚生子，她开始对这样一直作为当地聘用职员在中国工作感到巨大的不安。

由于职业的关系，凌乃亲眼看到当地录用的年轻女性在合约期，由于怀孕轻易就被解雇。日本企业到了中国，依然有很强的倾向，对怀孕和有孩子的女性进行区别对待。而且，基本上没有机会从当地聘用转到总部聘用，发展前景不明朗，这对女性和男性来说都是一样的。

## 优秀的中国人都辞职了

日本企业在中国当地聘用的日本人和中国人之间，也有巨大的薪资差距。当地聘用的日本人每个月工资为人民币 8000—1.5 万元，而中国人的月薪仅有人民币 2000—3000 元，这比总部派来的驻在员的房租都少。当地的工作主力，是在前线工作的中国员工和会中文的日本员工。特别是中国员工，对这样的收入差距感到失望，越是优秀的人才就越会离开日企，跳槽到欧美企业中，日企的人才空洞化正在产生。

跳槽到欧美企业的人都纷纷表示："一旦在欧美企业工作，干劲和待遇都和日企太不一样了，再也回不去日企了。"

在出身于贫困农村、拼命学习进入大学、开辟自己道路的中国人中，有非常多优秀的人。笔者认识的中国同龄人中，有一位让人印象十分深刻，他就是笔者在北京见到的张明（化名）。

1973 年出生的张明，生长在苏北的农村地区。儿时只能吃到玉米面馒头，小学时他帮着干农活，有时会病倒在费力的田间农事中。当时，对于在农村生活的人来说，成为工厂工人或者百货店店员，某种程度上就已经是小小的梦想了。特别有种说法是"会外语的人能够找到好工作，拿到比平均年收入高很多倍的工资"。成绩好的孩子在严格的考试中脱颖而出、进入大学，目标是成为国家公务员，或者掌握外语、进入外企工作，这在某种程度上就是成功。张明也是一直想"不能这样一直在农村待下去。要想改变命运，开拓自己的道路，就必须进入大学”，因此拼命学习。

为了考大学，在高考之前，他参加了预考。对于成绩优秀的张明来说，他并不担心考试，只是家人和亲戚们的期望让他倍感压力。张明顺利通过预考，进入正式的考试。但是，同样参加了预考却没有成功的同学嫉妒张明，在考试当天闯入考场，想要干扰考试，对张明大打出手。这还不是故事的全部，为了自己的前途，嫉妒心竟能令人情绪激动到这样的程度。

张明没有在这样的风波中败下阵来，成功战胜高考，进入北京航空航天大学学习经济，能够说日语、英语。毕业后，他在中国的智库国务院发展研究中心对日本的政治经济形势、中日关系以及当时的政治经济等话题收集信息、进行研究。然而，公务员的工作和理想是有差别的。张明放弃了 4 年的公务员生涯，加入了外资企业。

“中国人比较喜欢不断跳槽，但跳槽并不是全部。一份工作，钱虽重要，但是工作的内容更重要。一次次跳槽，虽然无法拥有完整的工作经历，但是如果经营者和上司无法合理地看待各种事情，与其忍着浪费生命，不如跳槽。不必追求公司的名字和规模，要根据自己能够做什么样的工作来选择职业。”

张明的身影和本书第一、二章中描写的日本年轻人们不屈服于环境、不忘记努力、在工作中勇往直前的身影重合了。她们和他们，在自己原本所处的环境中吃苦、努力工作，结果却是跳槽。如此勤勉努力的中国人，到了日本企业后，不少人得到的待遇都少于日本同事的租房补贴，也没有实权，渐渐地，优秀的中国人从日企离开。

根据这样的现象，富士通综合研究所的主席研究员朱炎说：“日企的责任权力与报酬不一致的情况很多，没有‘信赏必罚’这样的想法，工作奖励提高不了。”此外，他还指出：“既然是抓住中国作为市场，那么市场营销、销售经营等日本人无法进行的工作就会变得很多，必须要着力于当地招聘。”制造业也是计划削减成本，既然面对的是中国企业和中国人，那么中国员工就有优势。对中国员工的管理、与中国政府的沟通、广告公关等对日本人来说比较难，日本企业要想在国际市场上不断成长，启用中国干部是关键。

然而，对此全然不觉的日本企业中，人才逐渐流失。想要在中国积累工作经验，工作的人虽然有干劲，但是员工的职场环境却十分恶劣。光是人才流出可能也还好，但是中国本地的同事和日本驻在员的待遇差距，在职场上产生了很大的不良影响。结果，本地聘用的日本人也辞职了。

## 培育当地人才的企业

在这样的形势下，也有日本企业把笼络优秀的中国人作为企业成长的最重要的办法来实践。

冈三证券上海驻在员事务所的盐川克史首席代表表示：“要在工资、人才培育上与全球接轨。”盐川代表在大学毕业后，进入证券界，先后在新光投信、摩根大通、美林证券从事国外股票的调查、运作、交易业务。在12年间，他一直进行国外股票的调查和运作业务，2003年他入职冈三证券，2005年就任新设立的上海当地法人社长，2006年，随着冈三证券开设上海驻在员事务所，盐川就任事务所代表。他在知晓各国经济和市场的同时，也感受到了外资企业的优势和劣势，对企业发展所需的人才培育有很强烈的想法。

盐川代表列举了在欧美企业工作的几个积极的方面：1. 根据职位描述，职务的权限、内容和范围明确，朝着目标工作起来较为容易；2. 收益和报酬的关系明确，根据业绩可以获得高报酬；3. 经常设立较高的目标，考虑个人的市场价值来工作，工作虽然忙碌，但是很有意义。另外，他也提出了几个消极的方面：1. 持续繁忙的工作，30岁体力就到了极限，考虑到工作与生活的平衡，有必要考虑四五十岁时到日本企业等地方来发挥自己的经验，走多线性职业路径；2. 意识到可能会提早离职、经济形势不景气会带来解雇，需要努力储蓄，过简朴的生活。但是，在日本的欧美系外资企业，和在中国被看作外资企业的日企，虽然都是外企，但差距过大。

盐川代表灵活运用欧美系企业的经验，认为“不单单是国际化的薪资体系，让人看到职业发展路径也和白领人才的活用密切相关”，尽可能地给予公司职员机会。

肖文宇毕业于华东师范大学金融系，2005年9月在应届生招聘中被录用为证券分析师，起薪人民币3000元，第二年到手工资涨到人民币8000元。这期间，他通过了被称为“证券分析师第一考”的CFA一级和二级考试，只剩下最后的三级考试。即使在日本总部，也没有分析师进入公司第三年就能通过三级考试。如果肖文宇能通过三级考试，那他到手工资预计能跳涨到人民币 2 万元。在人才争夺激烈的金融业，如果看不清职业发展路径、收入和自身价值不相匹配的话，像肖文宇这样的人才马上就会被其他公司挖走。

生于福建省的肖文宇，成长于山间农村。他有姐姐和弟弟，父母在制铁厂工作。中学的时候他和姐姐同在一所中学过寄宿生活。食堂的一半都变成了男生宿舍，上百人寄宿于狭窄的地方，床和床之间基本没有间隔，紧邻厕所，生活环境十分艰苦。

高中二年级那年的正月，回到家后，姐姐表示自己要去读中专了。姐姐如果也选择读大学，学费太高，为了肖文宇，她放弃了上大学的想法。肖文宇背负着姐姐的梦想与家人和村里人的期待，连睡觉的时间也用来学习，晚上就到外面的路灯下读书。他把父母给的生活费大多存了下来，每个月只用人民币 100 元。但是那时，父母工作的工厂倒闭了。不识字的母亲失业，父亲到广州务工。他大学的学费是通过银行贷款筹出来的。在肖文宇找工作的时候，公司对他如此的勤奋感到信赖，从而决定录用。

肖文宇的同事、证券分析师孙韵毕业于上海财经大学商务日语专业，2006 年 9 月作为应届毕业生被招聘进入公司。本来对证券就有兴趣的孙韵，能够运用大学学习的日语，在日资证券公司工作是最佳选择。每天早晨，股市开盘前他整理当日的市场预测报告，下午再针对具体的个别企业收集信息。不到现场的话，无法读到股价。孙韵“就像数学家对数学公式着迷那样”，通过分析师的工作，提高自己的能力，不断挑战着自我。

盐川代表想要把这两人“作为顶级分析师来培养”，让他们转职到日本的调查部。首先是孙韵，2007 年 11 月到 2008 年 2 月，被送到游戏娱乐业顶级分析师森田正司手下。肖文宇也于 2008 年 4 月开始，在日本研修 3 个月。孙韵在日本的研修期间，不仅是在有分析师的企业调查部工作，也积累了宏观经济分析的部门业务的经验。在研修中，面向日本顾客，他对港股和 A 股进行了报告。在正式报告前的练习中，有时候在说“请看这一页”的时候，他不小心忘记了加宾语助动词而被训，但是这样的一次经验也是很好的学习。孙韵在日本期间，正好赶上年末、新年，他也体验了日本的各种习俗，比如职场的“忘年会”“新年会”，以及年终最后一场交易“大纳会”、新年最初一次交易“大发会”这样的股市活动。孙韵感到“如果没有亲自体验企业内的规则、寒暄、行业的习俗，就不会理解”，体验到的一切都使他印象深刻。通过在日本的研修，他“想要成为专业的分析师”这样的心情越发强烈了。

以秘书马龙杰（音译）为首的中国员工都异口同声地表示：“选择公司并不只是看工资，上司是怎样的人也十分重要，从社长的建议中可以学到很多。”孙韵说：“盐川先生有着欧美风格的思考方式，同时和员工们构建了良好的关系。如果是用日本企业的传统方式，大概会让人感到压力山大。”

对于雇佣和经济的关联，盐川代表这样指出：“在失去的 10 年中，日本社会的差距扩大。企业勉强可以存续，是因为通过在人力费用和成本低的发展中国家生产商品，而产生了利益。然而，这样的方案之后就无法适用了。把中国从生产据点变为市场，如果不充分有效地利用白领的话，不管是制造还是提供服务，都不适用于中国市场。如果本地法人的收益降低的话，当然，劳动分配率也会下降，中国员工也无法从低工资的情况中摆脱出来。日本企业必须推进本地化，根据市场来钻研战略，开展创造利润的业务。"

## 劳动者的职业路径

有的年轻人把日本企业的本地录用的现状当作问题，开始人才培养业务。1982 年出生的白木优志，2005 年 3 月从关西外国语大学毕业，到中国留学后，2006 年 10 月，他创办了名为"Device"的公司。Device 希望培育日本在华留学生，把他们送到日本企业，为帮助留学生在日企就业，开展商业研讨会。

白木表示："企业方面的问题是，由于只重视性价比，长期雇佣非常困难，没有考虑到当地聘用的未来。驻在员和当地聘用员工的差距过大。大半的日本企业都想着优秀的人才是驻在员，为了填空来考虑当地聘用。这样下去，不管企业如何推进本地化，也至少要花上 10 年。"

日本企业想要发展，本地化是必须的，因此，有必要把留学生和企业联系起来。白木的公司尝试提供人才培育项目，包括学生时代的商学院、就业后的职业路径、创业等。他们公司的目标是将在职培训的外包系统引进到上海的企业中。

白木说："如果公司不考虑长期雇佣的话，当地聘用的人才有跳槽的权利。然而，在当地聘用仅是'填空'这样的思维方式下，即使日本员工想要换工作，在现在的公司中也无法提升技能。没有实力的话，事业上的第二步就迈不出去。Device 通过给当地聘用的人才增加实力，为他们提供职业路径的选择，建议他们从当地聘用转为驻在员。"对这样的观点，某商社表示赞成，表示"在日本企业中，也存在很多轻率对待中国员工的情况。但是，企业如果能够体现出在人才培养上愿意投入时间和财力的姿态，一切通过教育能够解决的问题就都可以解决"。

留学生方面存在的问题是，他们只学习中文，在上海没有像日本一样的求职时间段，所以他们互相之间也不讨论、切磋。很多学生是在日本大学入学考试失败，跑到上海"逃亡留学"，每天就是玩。另外，日本的就业市场处于卖方市场，留在上海的优秀人才不断减少，陷入恶性循环。这样一来，中国人最初遇到的日本留学生，在大学里是"成天玩的日本留学生"，在公司里是"连中文也不会说的驻在员"。不少在华日本人对于这样的现状很有危机感。

白木也表示："进入上海交通大学、复旦大学等名牌大学的中国人有极强的精英意识。他们在严峻的考试中连战连胜，拿到录取资格，这是必然的。在日本的话，被东京大学、京都大学等同水平的大学，或者更高水平的大学录取的精英当中，将来不少学生会选择和中央政府有关的工作。不仅是上海人，来自各地方的中国学生和外国人接触的机会还是非常少的。在中国学生日常接触到的外国人中，留学生占多数。但是，在日本不管大学的牌子如何，现状是高中毕业就可以轻松进入大学，很多中国学生感到‘外国人’只要给钱，就可以上大学并顺利毕业。”

的确，在中国工作的日本年轻人中，有的可以抓住中国梦，提升了自己的技能，但是现实并不那么美好。因为很多的日本企业不管在日本还是在中国，一定程度上都是把年轻人当作便宜的劳动力来看。年轻人被这样的严峻现实玩弄，日本企业的姿态受到质疑。特别是，在中日关系有着历史问题的情况下，日本企业如果不认真地进行扎实的企业活动、聘用行动、人才管理，就会对日本造成重大的损失。

而且，最重要的是，如果世界上的年轻人都认为在日本的企业体制中“即使努力也没有回报”，那么日本企业以及日本经济发展就会很困难吧。

# 2. 在地方上工作

## 毕业生“飞特族”比例最低的县

富山县有“县民勤勉”的美誉。笔者曾多次探访富山县，采访的契机是2004年原三菱UFJ综合研究院总结出的全国各都道府县“飞特族”[1]比例的排名。结果，富山县应届毕业生“飞特族”比例全国最低。富山县在2005年的国势调查中，正式员工比例为86.3%，位居全国第二，临时就业的比例为12.7%，是全国第二低，可以说是就业非常稳定的一个县。

在大学的就业排名上，富山县立大学的就业率也是争当第一第二。笔者对富山县是怎样一个地方、有什么特征、有着怎样的政策很感兴趣，于是首先向县厅咨询，电话被转到了工商劳动部劳动雇

---

1 英语“Freeter”的音译，指15—34岁（不含学生）没有全职工作，以正式员工以外的就业形态，如合同工、打零工、兼职维持生计的人。

佣课。接电话的山本慎也主任向笔者说明：“并没有什么特别的关于‘飞特族’的重点政策，但是有一项叫作‘14 岁的挑战’的活动，这大概是和其他县不同的对策。”

从这一通电话开始，笔者开始了在富山县长期的采访。

一开始采访的“14 岁的挑战”，是富山县每年让中学生到地方的企业进行职场体验，叫作“在社会上学习的‘14 岁的挑战’”。活动从 1999 年开始，以国立和公立中学为对象，安排初中二年级的学生进行职场体验。活动时间原则上是周一到周五。初中生们平均每 3—4 人组成一个小组，在学区内的企业、商店实习。2007 年，县内全部的 83 所公立中学都参加了这一活动。参加的学生数量有 9454 人，接收学生的单位有 3125 家，指导志愿者有 4534 人。

本来“14 岁的挑战”的目的不在于培育职业意识，更多是要解决由校园霸凌造成的不登校问题以及少年犯罪等，是作为“全地区防止校园霸凌事业（1996—1998 年度）”的一环而发起的。当时，在神户市发生了 14 岁少年犯下的连续儿童杀伤事件，对于教育界的冲击是巨大的，整个教育界处于必须认真考虑学生的“心灵教育”的状况。“14 岁的挑战”的起点，可以追溯到县立富山养护学校前校长山本晶 1988 年带负责学年的学生体验职场。当时，认真的初中二年级学生曾这样说：

“大人真好，工作结束后就去玩小钢珠赌博，回到家后喝喝啤酒。我这个学生在学校上了一天课后还有社团活动，然后还要去补习班。补习班结束后，晚上还有作业要写，一天怎么都结束不了。

然而，大人一到下午 5 点，就从公司下班开始玩了。”

对于学生这样的想法，山本感到非常震惊，她强烈地感到：“这是太小看大人了。必须想办法让孩子们看到大人们工作的样子。”于是，她不顾周围人的反对，同学区内的铝业公司、食品制造商等 5 家公司合作，在暑假的时候把自己学年的学生带到了工厂。看到了一年当中在高温、低温的工厂中工作的大人的身影，学生们的内心受到了触动。看到学生们的变化，山本在被分配到教育委员会后，推进了中学生的职场体验活动。

最初的“14 岁的挑战”，有着怎样的故事呢？有一家拉面店，只能够接受一名学生来职场体验，但是学生们是以小组为单位活动，没有谁想要自己一个人去拉面店。校长在集会的时候表示，“当地的人们都在支持我们”，解释了镇上大人们的心情。于是，集会后就有一名男生到校长室报名说：“我去那家拉面店。好不容易人家帮忙，如果没有一个学生的话，一定会很寂寞吧。”

那名男生在“一个人的挑战”中努力加油，据说在最后一天吃了自己亲手做的拉面。当初很多公司拒绝了这项实习活动，但是周围公司的高层听说了这家拉面店的故事后，斥责负责人说“为什么我们的公司不参加呢”，那之后公司一个个地开始接受学生实习了。

富山县教育委员会发起“14 岁的挑战”的目的，是让学生们看到拼命工作的大人们的厉害之处，由此提高学生们的规范意识和社会性。结果，这项活动成为学生们思考自己未来生活方式的契机，因为活动借助地区中大人们的力量，产生了构建社会性和人际关系的效果。县教育委员会中小学部门主任牧田康博表示：“孩子们理解了大人们都在守护着自己之后，行动上有了变化。通过见到地区的大人们，和他们一起工作，有了自信，这样一来，不上学的学生也开始变得愿意来学校了。”

笔者实际上在位于富山市中心的芝园中学进行了跟踪采访。这所学校是2002年获得诺贝尔化学奖的田中耕一的母校，笔者采访到的是2008年3月毕业生在二年级时的“14岁的挑战”。学生们虽然参加实习已经非常紧张了，但是他们表示“要让小林女士之后能够写出很好的稿件”，对笔者提出的问题努力讲述了自己的心情、想法和一日体验。

从富山站乘车大概10分钟，在富山平原中央南北走向的吴羽丘陵，有一处文化集群——富山市民族民俗村。松永加奈、浦上洁、高原稚菜就在这里实习。加奈和稚菜有生以来第一次体验到了如何糊纸拉窗。虽然平常她们很爱干净，会注意到衣服有没有弄脏，但是在年长职员的鼓励下，也顾不上脏，埋头于糊纸拉窗当中。直到实习开始之前，两人还看起来一副不感兴趣的样子，一旦试着开始了，新鲜的体验让她们心情大变，眼中放光。在糊了多次之后，原本不熟悉的手法也习惯了起来、逐渐上手，她们的脸上露出了笑容。

另一边，洁在民族馆实习，那是一处大概有130年历史的建筑物，现在用于展示工艺品。他用200年前制造的英式桌子，进行湿度测试记录工作。洁非常喜欢历史，实习第一天在集合30分钟之前就到了。第一次的工作就超过了民族馆职员的预想，快速完成。他在其他资料馆实习的时候也是笑嘻嘻的，“太开心了，所以忘记了疲惫”。在最后一天，洁不知道为什么感觉没有精神，在通往民族民俗村的路上，他一边骑自行车一边想着：“啊，今天是最后一天了，如果时间能再长点就好了。”

在夏威夷出生长大的洁的母亲苏珊说：“性格害羞的儿子从早晨起来就一边唱歌一边说着‘今天会做些什么呢’，然后出门。日本孩子和国外十多岁就开始打工的孩子不太一样，这样能体验出门实际工作的课程，对于孩子们来说是很好的体验。回到家后写实习报告，他也和平常不一样，拿起笔就写。这是因为他对民族民俗村的工作感兴趣，非常开心吧。”

在距离 JR 富山站步行 5 分钟的私立保育园，同住一个公寓楼的好朋友竹村美西和吉村祥子成了那里的“小姐姐老师”。两人虽然第一天上班就被幼儿们过剩的能量给压倒，但是她们逐渐注意到“孩子们蹲下的话，我也蹲下。他们哭了的话，为了和他们的眼神对上而弯下腰，是非常重要的”，“如果他们做了不对的事情，一定要认真呵斥住”。特别是，一直想成为保育士的祥子在实习的最后一天，孩子的一句“小姐姐老师，明天还来吗”，更让她坚定了成为保育士的想法。

祥子坚定地说：“如果真成了保育士，工作中不只是有快乐，一定比实习辛苦得多。但是，在这短暂的实习当中，我感到自己想要做帮助孩子们成长的工作。”

对于学生们的变化，中坪正美教头[1]表示："感到困难的时候，能够自己说出'这个做不了，请帮助我'，这很重要。有时候，在自己奇怪的自尊心里灰心丧气，一个人抱着问题、无法合作的话，会给周围的人添麻烦，最后变得无法适应社会。在'14 岁的挑战'中，学生们可以学到感到困难的时候要怎么办，通过锻炼综合能力来培养生存能力。学生们会理解，大人们是通过工作，来考虑如何生存、生活的。"

位于富山市中心，在中央大街商业街和路面电车通过的大街的十字路口处，有一家德国烘焙店。在这家店里，有着川西瑛太、田边勇树两位学生实习工作的身影。瑛太和勇树参与了前期的接洽，直接同店长交涉接受实习生的事情。实习期间，到店里来的父母那一辈的顾客，看到二人的样子，鼓励他们说："'14 岁的挑战'？加油啊！"面对顾客亲切的面容和声音，两人都感到有些不好意思。

店长对于两人的表现感到吃惊："正因为他们是自己选择要来这家店，认真的程度就不一样。他们有努力记住工作流程的精气神儿，只用了两天，就有了现场作战的能力。"这两位学生自己找事做，手头一直不闲着，店员们都对此觉得非常惊讶。以店里的正式员工为首，打工和兼职员工也都想着不能输给实习生们，打起精神工作。

在实习期间，勇树的母亲里美看到他疲惫地回到家的样子表示：

---

1　教头相当于副校长，其工作是帮助校长、园长整理校务、园务，根据需要主持幼儿保育、学生教育工作。

“他本来说‘流汗工作有点傻，炒股挣钱就可以了。自己可以一直不结婚不工作，就在家吃白饭’，但是在外面做起事来还真的很认真啊！”在家里面的孩子的样子并不是他的全部。

同一家中学的前校长宫崎重导说：“亲子关系对孩子的前途和就业影响最大。但是，家长能够相信孩子，不把他们推开，关心他们吗？初中三年级，决定孩子未来的时候，那些说着怎么样都行、只要做自己喜欢的事情就好了的家长，并没有真正在关心孩子。他们应当考虑到将来的就业，对高中升学认真考虑，提出建议。‘14 岁的挑战’增加了亲子间的对话，改善了亲子关系，对孩子之后的成长有很大的影响。”

担任学生们的学年主任的新井淑子说：“并不是以实习为界，学生们就突然变了，而是通过互相帮助，自己学习到了如何生存。很多事情对大人来说，理所应当可以做到，但对于孩子来说是第一次去挑战，不知不觉间就变得能够做到了，然后受到当地的大人表扬。这样，他们逐渐地成长，学生们看到自己超越自我的样子，感到开心。”

接受实习学生的公司也是认真的。本部位于富山市八尾町的园林业新村公司社长新村博明表示：“中学生们在这里，我们也不娇惯他们。我想让他们知道这里是公司，他们和员工一样，早晨 7 点 30 分到下午 5 点实习。”这样的严肃性是学校教育无法单方面完成的，是在学校、家长、地方各自的立场上，都有着想要帮助孩子成长的共同的愿望，才能够实现。

## 在学校培养职业意识

在高中，也有学校把职业意识作为出路指导的一环，努力培育学生。在县立富山商业高中，每年11月，都会展开模拟股份有限公司“TOMI SHOP”的活动。活动致力于在一年当中募集资金，进货，和地方民间企业合作开发独特的商品，然后销售。在这所学校，三分之一的学生毕业后会选择就业，就业学生的离职率为10%，远远低于全国平均的50%。出路指导部长鸠田惠子说：“通过TOMI SHOP和严格的社团活动，学生们变得能够忍耐走向社会后遇到的无理状况。”

“欢迎光临！要不要尝一尝富山的原创商品——发光鱿鱼拉面‘二星拉面’？”

在TOMI SHOP活动中，校园各处都可以听到高中生这样朝气蓬勃的声音。学校正面玄关作为活动入口，店铺鳞次栉比。每个班级变身企业，贩卖飞弹牛肉制成的可乐饼、烤红薯以及富山特产“鳟鱼寿司”等。普通客人可以自由进入校园，在2007年第七期活动中，3天来客6000人，销售额达1400万日元。每个班级都运营一家以上店铺，在第七期活动中一共有48家企业。

所有的学生都是TOMI SHOP的职员。以高二学生为中心，公司社长、财务、销售部长通过校内选举产生，每年2月在股东大会上被任命后，就开始面向第二年的准备工作，作为执行委员会进行领导。为了让学生们可以体验成立公司、策划、产品开发、进货、营销、售卖、结算等一系列企业的流程，TOMI SHOP 也实际以 500 日元一股募集资金。学生明确制定销量、毛利的目标，计算来客数和商品单价，正式开启挑战。TOMI SHOP 的想法，来自出身民间企业的足球部顾问老师安田龙。

富商高中认为“商业高中的作用是育人”，为了让学生们毕业后不管在哪里，都可以抓住梦想、过上有意义的社会人的生活，学校致力于培养有领导能力的人才。通过 TOMI SHOP 活动，为了达到“商人之道”，学校进行三方面的教育：珍视顾客、珍视一起合作的企业中的人、珍视作为员工的学生们。学校教给学生的，不是有钱就可以买到东西，而是人与人之间的联结，这才是生意。

2007 年 2 月的股东大会上选出的第七期副社长新元瑠莱说：“我意识到为了能够让员工（学生们）工作，要站在对方的立场上来考虑。老师说‘你身后有 800 名员工’，面对这样的压力，我自己也有难受到哭的时候，但是我想到自己不是一个人，要信任自己的部下。”瑠莱实际上经常留心周围的情况，一边看着接下来需要做什么，一边自己亲自帮忙做一些看起来很棘手的工作，或者酌情指示让其他人去支援。安田老师也给她很高的评价，表示：“她在推进会议的时候可以很好地有序进行，考虑到周围的人来发挥领导作用。”此外，营销部长濑川望对于安田老师“营销计划要怎么做”这样严格的要求，虽然嘴上说着“做不了”，但是不久就把各班级的销售预测和利润计划等资料凑齐拿了过来。望算出与上年度相比各班商品的销售额的增减，推算出第七期的销售额，在这个过程中，他表现出了自己天生不服输的性格，克服了一个又一个困难。

回头看这段经历，望说："我过于相信自己的能力，承担了太多的工作，有时候实在承受不了。我学到了和周围的人一起商量、共同理解，把工作派给部下。"

历代社长和工作人员对后辈们感到担心，在成为大学生、社会人之后也赶来支援。

对于 TOMI SHOP 的意义，安田老师这样表示："我最想要让学生感受到的是，在知道自己的极限的时候，如何与周围的伙伴合作，注意到支持自己的人，怀着感谢的心是一件多么重要的事情。希望他们能够在挫折当中学习。"第七期的社长荻原惇平也是在压力中重复了一次次的失败，但是他童年时代的伙伴瑠菜和望支持着他的工作。最后他意识到两人和其他的员工（学生）一直在支持着自己，这是惇平在 TOMI SHOP 中获得的成长。惇平打算将来取得行政书士或者司法书士的资格，来支持企业。

地区的大人们也参与到了学生的企划、销售活动中来。工商会议所、富山大学教授以及地区的和服店主 6 人组成的外部评价委员会对学生进行指导，与学生一起，思考课题和对策。学生也面向地区的中小企业经营者等成年人来展开说明会。在一次会议中，学生针对利益的分配报告称，将利益返还股东。一位中小企业经营者对此表示："之前的社长是有了利益产出后，在准备期和正式活动期内给员工们买便当，以此强烈鼓励大家工作。学生也是股东，通过分红可能会拿到一些钱，但比起这个来，更应该考虑员工，买便当的话更能够促进员工的工作积极性。”这样一说，学生也没话反驳，低下了头。

原创商品是 TOMI SHOP 的卖点之一，是用富山的特产制成，开发于一年间的课程当中。用发光鱿鱼制成的“二星拉面”、含有郁金香的药用唇膏“Tulip”[1]、“无花果冰激凌”、用西瓜制成的“富山布丁”、“富山小镇”饼干[2]等策划、开发一个个实现。“二星鱿鱼拉面”的销路在 TOMI SHOP 以外，还扩大到富山机场、超市等地方，实际作为商品被销售开来。这些商品在富山县中小企业家同友会以及富山工商会议所青年部等机构的帮助下，与地方企业合作而制成。

此外，为迎接正式活动做准备工作，从第六期开始，先在位于东京有乐町的交通会馆中的富山县直销店“活力富山馆”中试卖原创商品。这也是为了试着看看，商品在富山品牌不通用的地区能销到什么程度。

以 TOMI SHOP 为契机，地方上的大人们开始了进一步的合作。第五期的社长松冈雄祐在毕业后入职机械专业商社 OOPARTS，他成为关键人物。从 2006 年度开始，在中小企业家同友会下的企业经营者们，都到富商高中进行定期演讲。安田老师“希望企业的人逐渐进入学校里”的想法和松冈社长“企业也想到学校去”的想法不

---

1 郁金香英文为“Tulip”，唇膏英文为“Lip Cream”，唇膏命名借用郁金香之名。

2 日本有一种印有考拉的饼干叫作“Koala’s March Cookies”，小镇（町）日语念作 Machi，与 March 读音相近。

谋而合。对此，松冈社长认为：“最近的年轻人头脑逐渐温室化，越来越娇气，无法带着责任感工作，倾向于感情用事，要抓紧锻炼他们的心智，不能再耽误了。”

学校方面认为，中小企业经营者对工作人员和其家人的生活负有责任，比起大企业的部长级人物的发言，他们的发言更有分量。学校以“工作的目的”为主题，从各种角度打探，请经营者来讲话。因为从电视和报纸的负面新闻当中，学生总是有着“企业等于产生利益”这样的印象。在讲座中，学生们认真聆听了从事欧美风格住宅建设的 JU–PLUS 公司永森裕章社长的故事。

出生于 1966 年的永森社长，在小学的时候学习成绩好，体育也棒，是在朋友当中很受欢迎的少年。但是，由于父母关系不和，在 14 岁的时候，他开始成为不良少年，16 岁时父母离婚后，他的生活越发放荡不羁起来。在吵闹的一天天当中，高中入学考试失败，他进入了地方企业创办的技术工人培训学校，但是马上就退学了，过着废柴一般的生活。然而，17 岁的秋天，他和建筑土木作业公司的老板相遇，这改变了他的一生。老板不仅交给他工作，还严格教导他礼节和上下级关系。离家的父亲事业失败，身负借款，虽然他陷入这样的困境中，但是他和那些损友断了联系，20 岁开始独立。他以建造能够延续百年的住宅为理念，发展业绩。他想着必须要与不同行业的经营者一道学习，否则就无法战胜那些大企业对手，于是加入了中小企业家同友会。

永森社长表示：“在当今的时代，无论怎样都有可以逃离的地方。比起逃离，踌躇不前是最不好的。踌躇的话，结果可能就是什么都做不成。在艰苦的时候，如果也能感谢环境，就能够抓住些什么。在那时，重要的是，对于人的礼节。如果忘记了礼节，只是工作，那么工作就变成了作业，这样一来，机器和其他人也可以代替，工作就无法成为自己的东西。”

学生们被永森社长的故事深深吸引，他们感觉到：“即使是初中毕业，对工作有热情、努力的话，也可以成为社长。”

## 用宜居、宜业来吸引人

丢掉对大企业、大城市的向往，到地方工作的选项是有的。这里面的关键，是如何把年轻人和地方的中小企业联结起来。

富山县从 2005 年开始举办返乡工作研讨会——“元气富山！就业研讨会”，介绍地方的中小企业，在会场发放富山产的矿泉水。富山工商劳动部劳动雇佣课、时任雇佣对策主管坂林根则表示“一喝到富山美味的水，一定会想到在故乡的日子”，在细节上很下功夫。在第一年 10 月的研讨会中，东京（50 人）、大阪（30 人）、名古屋（30 人），总共参加人数 110 人，到了 2006 年 10 月的研讨会，东京来了 131 人，面向富山县父母的研讨会有 224 人到场。由于参加人数太多，会场出现了很难保证座位的状况。

回乡研讨会在秋天，先是在城市地区举办，然后趁着学生新年回家的时候，在 1 月初利用寒假在富山开展。研讨会是根据高中毕业生的名册，把介绍寄到家中，以及利用网站等方式通知学生。在2005年度之前，名为“到富山回乡工作大会”的共同说明会是在8月盂兰盆节大家的返乡时间进行，主要针对大四学生。从2006年开始，变为主要面向新年回家的大三学生，参加者从2005年的396人增加到2006年的750人。2008年1月5日，超过1000人参加了研讨会。

生于富山县的仓田美穗（化名，22岁），2006年11月参加了“元气富山”的活动。从大三的秋天，她便决定回到富山工作，开始了求职。2008年3月大学毕业后，她回乡工作，在富山开始成为一名社会人。美穗正好是“14岁的挑战”的第一期学生。她回乡工作的理由是“即使结婚生子，也想继续工作，所以想在富山工作”。

在找工作期间，美穗接受了富山当地的就业服务公司的面试，当时她问：“将来，结婚以后如果出现了丈夫换工作的情况，或者有了孩子不得不辞去工作的情况，会怎么办？”对方耐心回答：“将来的话，会创立居家远程工作的体制。”大学毕业后的起薪大概是18万日元，虽然不高，但是有制度规定每年涨薪3%。另外，如果是社会招聘录用，则说明“根据年龄，而不是工作的年限来设定工资”，能看出这是一家重视员工的公司。

美穗的母亲憧憬大公司的工作，虽然对美穗的想法表示反对，说“大树底下好乘凉”，但美穗却反驳道：“在大企业里，虽然有很多人，但是工作方式是一起工作的人都见不着面，也不幸福。”她感到，由于大企业追求利益，削减人力费用而失去了“助人”的事业的本质。

和美穗同龄的石田匡纪（化名），2008年3月从东京市内的私立大学经济学部毕业。4月开始在富山县的地方银行担任职员。她回乡工作的理由是，将来想建自己的独栋房，很想要珍惜和家人一起的时间。她对工作有4点要求：上下级关系比较平等，成果主义不太严重，有周六日的休息时间，换岗较少。如果有调岗的话，和家人一起的时间就会变少。在地方银行工作的话，可以通过自己的努力来活跃地方经济。她很憧憬成为银行职员，为小企业做大提供幕后支持。最终，她如愿以偿，被第一志愿的银行录取。

时任富山县工商劳动部劳动雇佣课主任的楠晶绘表示："虽说想要改善毕业生的就业，但是企业不想重蹈泡沫经济时代的覆辙。我们希望让学生们了解县里的企业，把它们作为求职时候的一个选项来考虑。另外，学生们在了解地方的企业，考虑就职的时候，我们希望父母也能够帮忙商量，所以开展了针对父母的求职研讨会。此外，我们想办法筹措财政资金，想给大学入学前的高中生提供一些机会，来考虑升学后的就业方向。"

另外，富山县设立了"返乡信息中心"。考虑到"咨询专家很重要"，在2006年开始委托民间，通过大型人才派遣工作PASONA在全国的各办事处展开回乡工作的就业商谈和人才招聘开发工作。在大城市工作的年轻人在换工作、考虑回乡工作的时候，PASONA根据求职者的需求来进行人才开发。新的职位需求从2006年的820个上升到2007年的1042个，新登记人数从2006年的683人增长到2007年的721人，求职人数从2006年的33人增加到2007年的73人。富山县在2007年7月开始设立回乡工作热线电话，2007年收到了130个电话咨询，可以看出潜在的考虑回乡工作的人还是很多的。

为了让年轻人回乡后就职的中小企业有更友好的工作环境，富山县从2005年实施了“兼顾工作和育儿的支援推进会的企业访问”，受委托的社会保险劳务士直接到企业访问，提供打造友好职业环境的建议。

富山的职场稳定率在全国也是处于领先位置。山本慎也主任说：“地方企业能够对‘14岁的挑战’进行合作，有着育人的气质。虽然现实是，刚刚高中毕业从县里出去的年轻人都追求大企业、知名品牌，不想回到家乡，但是我们想让他们知道在这里有很多专注于人才培育的企业。”富山县从2008年开始，方针是面向“人才保证和培育”，扩充政策措施。

不过，虽然有着这一系列的举措，成为打工族、无业族的青年还是不在少数。富山县年轻人就业服务中心“YOUNG JOB 富山”的奥野胜平这样指出：“在这一两年，应届毕业生发录用通知的时间很早。但是，这并不能够改善雇佣形势，仅仅是对优秀学生的争夺。在这种情况下，被晾在一边的人不会减少。最近，即使是作为正式员工工作，只被要求营业额而工资不涨，看不到未来，于是来转职咨询的情况逐渐增加。哪怕能看到收入每年涨5000日元，也可以有人生规划。然而实际上是，每个月18万—20万日元，一直不变，公司内部由于派遣员工增加，正式员工也只是工作量在增加。如果是派遣员工的话，大多数情况下，不论工作再怎么努力也无法成为正式员工，就这样陷入了恶性循环。短期内虽然对企业是有好处的，但对国内的劳动力是不利的。《劳动者派遣法》允许低工资、短期雇佣的劳动者以及接受外国人工作，是劳动行政机构的错误。”

中小企业家同友会成员之一、富山仓库专务荻布原驱郎也表示：“有的职场新人拿到人事调动命令去找父母商量，让我感到有些惊讶。所以对高中生等群体要进行一些基本的警示，不要觉得哪条路容易就走哪条，比如找工作的时候不要去派遣公司，不要找消费金融机构贷款。”事实上，年轻人当中普遍存在的想法是，把派遣公司当成公共职业介绍所，认为很容易可以得到工作。但是，这个地区的父母们要正视这样的现实，一有机会就提醒年轻人们。

### 地区支持年轻人

NPO 机构“浮浪云”代表川又直 25 年来一直在地区中从事支持年轻人就业的事业，他断言：“对于孩子的教育，虽说学校、地区和家庭是三位一体来行动，但其实地区是第一位的。与学校的老师和家长之外的叔叔阿姨们的关系非常重要。”在与地区的交流当中，他从 2005 年开始成为富山县中小企业家同友会的成员。

富山市旧大泽野的万愿寺地区一片田园风光，在这里有一个名为“Peaceful House 浮浪云”的共同生活宿舍。不上学、家里蹲、无业族、打工族等年轻人为了寻求自立，聚集于此。在这里，各方一起努力，关注年轻人的自立问题。

川又直代表在1980年时，作为志愿者参加了静冈县教会牧师举办的以不上学儿童为对象的集训活动，以此为契机，1987年他开始独立创办NPO机构。他认为“一两周的集训解决不了不上学的问题”，于是创办了宿舍制的浮浪云。川又直代表和妻子佳子作为机构的中心，料理着一切，20年来一直没有改变。2001年时，他们取得了NPO法人“北陆青少年自立援助中心”的资格，2005年又获得厚生劳动省无业族支持事业“年轻人自立塾”的认证。对于年轻人的自立，川又直代表特别重视的是“规律正确的生活”和“农作”，为这两个要素提供场所的是“地区”。

不少人是在学校或是职场受到挫折，或者在工作效率化的大潮中无法前进，因此有了心理创伤而闭门不出，或者成为无业族。这样一来，他们白天不出门，到了晚上就是上网或者玩游戏，生活变得昼夜颠倒，这会妨碍他们自立。于是，在浮浪云中，他们逐渐回到有规律的正确的生活作息，通过和别人一起生活，重新认识自己的习惯，为自立以及返回社会做准备，农作就是这其中的第一步。

宿舍规定，学生早晨6点半之前在宿舍周围散步。在规定的时间内吃饭、学习、农作。

“百姓的好处是，有百家姓。”

川又直代表的这句话的意思是，在农村地区中有各种各样的人，互相帮助进行农作。到了插秧的时节，周围的农户相互联系，有条不紊地做着插秧的准备。农活绝对是一个人做不了的。

寄宿生们参与到这样的农作之中，在太阳下活动身体，自然而然地就会更有精神。通过这样的共同作业，懂得互相帮助的意义，恢复宅在家里时失去的与人沟通的能力。川又代表判断，能够规律生活、通过做农活已经养成责任感的寄宿生，可以开始出去做兼职。从“作业组”到“兼职组”，更进了一步。接下来就是恢复学校生活、工作等。

川又代表强调，在精神上自律、经济上自立的人的成长当中，地区发挥着不可或缺的作用。比起20年前，来到浮浪云的寄宿生的平均年龄逐渐上升，孩子和大人以自我为中心的程度都比以前要高。对于这种情况的主要原因，川又代表认为：“因为孩子小的时候，大人没有给他们‘饥饿与寒冷’。他们被心理咨询师随便安慰说，‘你也是很不容易的，你正在努力，不用管很快就可以解决了’。总是听到这样好听的话，就拖延了问题的解决。”

年轻人如何通过失败来学习呢？这首先就是在地区当中，通过和各种大人接触、参加活动来培育。有的年轻人，被农村地区的生活吸引，抛弃城市的终身雇佣这样的工作方式、生活方式，和地方上的居民一起生活。

生长在千叶县柏市的坂井惠美（25岁）坚决认为：“在杀气腾腾的东京工作，完全没法儿想象。在这里，才有喜怒哀乐的生活和充满变化的每一天。”惠美从20岁开始，在大型水泥公司的子公司拿着每小时1750日元的工资，作为派遣员工工作。虽然她是销售业务的助理，但是公司员工不断把工作推给她，导致她工作量激增。由于过劳，惠美倒在了通勤的电车上。即使她发烧到 40 摄氏度，派遣公司的负责人也说“先给我上班去”，不让她休假，竟然还说“有业绩压力，一年内不许辞职”。生活一直是每天上午 9 点去公司，回到家里已是夜里 1 点的状态。

到了医院后，她被诊断出急性肠炎，也有抑郁的症状。医生也劝她，最后她辞了职。那之后，不去工作的惠美被母亲误认为是闭门不出，于是成了浮浪云的寄宿生。她进入宿舍后两个月就“毕业”了，重新开始工作。

在地方上经营农场的大叔们，没有任何顾虑，想说什么就说什么。听他们说话的时候，虽然听起来像是在吵架，但是可以理解，能真心吵架的都是打心眼儿里喜欢的人。这和冷冰冰的东京是不一样的。如果说自己不舒服，大家都会感到担心，“早点去医院吧”，“这个药有用”。在东京当派遣员工那会儿，她每天就是在电脑前坐着，接电话、发传真，循环往复。在这里，她一改之前没有喜怒哀乐的生活，过上了有人样的日子。在这个村子，只要看到车就能知道是谁，和不认识的人擦肩而过也会点头打招呼。惠美与同样从东京的长时间工作中逃脱出来、选择在富山生活的坂井康明（27 岁），于 2006 年 3 月结婚。“简直像是过去的日本一样，可以感受到温暖。”他们感受到在地方工作生活的好心情，在富山安顿下来。

第四章

# 不确定的未来

## 直面职业女性的现实

悲惨的未来，已经作为现实袭来。

年轻人（尤其是女性）不理解工作而引发持续就业困难，从十几年前就开始出现了，这是因为对劳动者的“人权”意识太差。

以 1975 年国际妇女年为契机，1979 年，联合国通过了《消除对妇女一切形式歧视公约》。在日本，1985 年制定了《男女雇佣机会均等法》。虽然我们这一代人的前辈们为女性工作的权利而战，然而到现在，阻碍女性持续就业的壁垒依然很高。本章将不仅就女性问题，还就劳动者的尊严问题，在《世界人权宣言》发布半个多世纪后的今天，重新追问。

日本放松劳动法律法规，过度推行日本经团联主张的“区分使用正式员工和非正式员工”概念，这种“劳动政策的失败”允许经营者毫无理论依据地削减人力费用，其结果就是在裁员当中，不仅是中老年员工、年轻员工，特别是女性员工也受到了波及。女性的非正式员工比例逐年增加。我们必须要认真检讨、重新审视法律法规放松的功过。

OECD 于 1994 年推出“雇佣战略”，推进雇佣流动性。2006 年，持续的高失业率问题开始显现，OECD 发表了对“雇佣战略”

重新评价的“新雇佣战略”。OECD于2008年4月发布的《对日经济审查报告书》中提到，非正式员工比例占到了三分之一以上，这引发了对公平与效率的深刻担忧。非正式员工比例从1994年的20%上升到2007年的34%，非正式员工的工资仅为正式员工的40%，被排斥于社会保险制度之外，劳动市场两极化不断加剧，这一情况受到了重视。虽然报告中提议了正式员工雇佣的弹性化、扩大非正式员工加入社会保险的适用范围、扩充保育园制度等，但是对劳动法律法规的基本立场没有发生变化。

对于笔者这一代人来说，《男女雇佣机会均等法》在意识上已经渗透开来，人们一直以为走向社会之后，只要有实力，就可以像学生时代一样没有性别的差别，承担起工作的责任。然而，首先从录用这个入口，其次是到了职场，再就是到了某一年龄的女性不可避免地就被告知“你是女性”，这一点，现在和30年前没有变化。

“一边工作一边生孩子，是坏事儿吗？”在采访过程中，这一来自已育女性的发言刺入了笔者的心中。

对作为伴侣的男性来说，这也不是完全无关的事情。

“女朋友是合同工，她担心如果怀孕的话会被解雇。如果结婚，女朋友接下来在职场中就会被认为会要孩子。所以，就算是想结婚，也不能结婚。我希望你们也可以听到男性的悲哀。”作为正式员工在工作的30岁出头的男性如是说。

比起非正式员工，不论是在法律上还是在公司制度上，被保护的肯定是正式员工。然而，即使如此，怀孕生子、兼顾育儿与工作也有很大的障碍。

## 人们需要平衡工作与生活

樱井蓝子（化名，29 岁），2001 年 3 月大学毕业后，在世人皆知的知名主题乐园工作。在这样本应是赋予孩子们梦想的职场中，却有着意想不到的“孕期解雇”。

在大学时代，蓝子每次在新闻中看到神户市须磨区少年事件等接连发生，她便思考：“为什么会有这么多这样的孩子呢？”是因为社会的压抑，学历社会的弊病，还是因为父母无法负担起自己的生活，压力压到了孩子身上呢？她想到，自己要不要做一份培育孩子的工作，为社会的改变多少承担一份责任，于是她入职了主题乐园，运营面向孩子的教育设施。

最开始她是以合同员工的身份被招聘入职的，主要工作是主持现场的活动。蓝子每个月收入 20 万日元，没有奖金。入职之后，她参加了正式员工录用的考试，2003 年成为正式员工。即使成了正式员工，每个月的收入也没有什么变化，不过夏天和冬天会发一个月的奖金。她的任务是管理和领导现场的员工、应对投诉等。在现场如果发生了什么问题，作为正式员工的蓝子就要马上跑过去。她总是要乘坐末班电车下班，每个月的加班时间超过 80 小时。如果她照实填在出勤表上，上司就会发火，所以只能拿到 40 个小时的加班费。

2004 年 8 月，蓝子结婚后，很快就有了孩子。但是，她孕吐反应严重，在工作中如果感到不舒服，就会遭遇周围人冷冷的目光，让她感到心里很不舒服。在收银台关闭后，要用袋子把其中的零钱保存到保险柜中。即使不是怀孕期间，拿着这些袋子走路也是很重的。虽然如此，但是蓝子想“如果太娇气的话，就会被人说那家伙以怀孕为理由不工作”，于是她尽量慢慢地搬运这些袋子。怀孕初期的流产，很多时候都发生在不经意间。保护怀孕女性是在《劳动基准法》与《男女雇佣机会均等法》中都作了规定的，但是在现实当中却被无视。

乐园要运营到很晚，虽然她表示自己怀孕了，但是排班方面并没有得到照顾。蓝子回家的路上，必须要经过主干道和很暗的树林之间的一条道路，如果步行的话需要20分钟。深夜人流少，一个人回去的话很危险。由于怀孕期间最好不要骑自行车，为了赶上最后一班公交车，她请求上司给自己排班到晚上10点之前，然而对方却说：“不能只对樱井进行特殊照顾。如果不能按照排班工作，这里就没有你的位置，没有办法。”

在蓝子的工作环境中，大部分是女性员工，上司也是女性。然而在极度忙碌的职场中，未婚者居多，很少有员工有怀孕、生子的经验。她明白大家都在背后说：“既然怀孕的话，赶快辞职不就好了。”

怀孕3个月的蓝子坚持表示，如果可以夜里10点下班，就可以继续工作，然而上司听不进去。2004年11月，她被半强制地辞退了。以妊娠、生育为理由的对员工的不公平对待（比如解雇），是《男女雇佣机会均等法》强烈禁止的。如果孕妇提出要求，雇佣方不得要求其深夜劳动，即使这是《劳动基准法》中规定的，也不断有职业女性在妊娠、生育的情况下不得不从职场中退出。在那之后，蓝子的再就业道路也很艰辛，在怀孕期间只能找极短时间的临时性派遣工作，孩子出生后，她也重新作为派遣员工，在教育相关的出版社工作。

蓝子选择在自己家里生产。从白天开始阵痛，到了晚上 7 点半，孩子出生了。在家生产与在医院不同，不打催产素，自然而然地生产。当孩子生出来的瞬间，"终于舒了一口气"，那个瞬间感到"啊，还想要生孩子"。对着用自己的力量生下来的孩子，她感到"孩子虽然遇到了困难，但是也努力克服，来到了这个世界上"。她下定决心，成为母亲的自己要更加坚强地活着。

蓝子在主题乐园的 3 年间得出了这样的结论："归根到底，还是社会、地区和身边的大人在培育着孩子。大人如果不着眼于改变自我，那什么都改变不了。"

如果父母的状态不好，对于孩子有很大的影响，父母做好自己是最重要的。此外，蓝子认为"现在不管男女的雇佣都不稳定，丈夫赚钱养家的时代已经结束了。正因为在这样的时刻，希望我们的社会可以让男性也参与育儿"。她注意收集信息，看有没有可以支持育儿的工作，努力结识这方面的伙伴。

庆应义塾大学的樋口美雄教授指出："如果觉得兼顾工作和育儿是别人的问题，那即使有政策也解决不了。从个别企业来看，虽然有积极解决兼顾工作与育儿的问题的公司，但情况依然得不到改善，原因是这个问题往往被看作企业和劳动者的对立。既然企业是由员工组成的，如果员工的想法不改变的话，人事部再怎么努力喊，效果也是微薄的。”

正式员工的长时间工作被视为问题来对待。2007年，推进平衡工作与生活的官民高层会议制定了《平衡工作与生活宪章》。樋口教授也在这一政策制定之时，担任了由政府设置的为防止社会阶层固化的圆桌会议“提高成长力”的议长。对于政府谋求推进平衡工作与生活的意义，她这样认为：

“在日本，过去一直把员工当作正式员工，雇佣和生活有保障的代价就是，正式员工被强迫长时间工作、转岗，被困在工作中。另外，做零工等非正式员工受到企业的拘束比较弱，这样的代价就是他们不被当作保障的对象，非正式员工的工资低也被认为是理所当然。但是，从之前的主妇开始，到现在以年轻人为中心，全职工作的非正式雇佣增加，经济自立陷入困难局面，问题日益显著。另外，即使是正式员工，不得不长时间工作，不管男女，都失去了结婚生子的机会。这不仅是对个人生活的牺牲，也是引发少子化的原因。看看现实的话，非常有必要着手应对工作与生活平衡的问题。”

育儿、工作之后还能认为“人生真是不错啊”，大概是一种很奢侈的想法吧。支援工作中的孕妇、一边工作一边带孩子的父母们，其实真的不是什么大的改革，而是在身边就可以做的事情。虽然经济成熟了，但是人的工作方式、和他人的关系，却在退步。

## 职场中因不理解产生的悲剧

在用人需求原本就少的地区，只要是看护、福祉行业的工作，就还有以正式员工来工作的机会。然而，地方上的现状更加严峻。

“流产”是一个多么残酷的词汇啊。

出生于北关东地区的加藤理绘（化名，25 岁），在看护的职场上失去了自己的第二个孩子。流产后一年，她终于可以有心情和别人谈起这件事，同意了笔者的采访。

理绘高中毕业后，到专门学校学习，取得了看护一级资格。19 岁时，她被地方的医院录用为正式员工，成为护工，毕业后起薪每月 15 万日元，夏天和冬天有相当于 1.5 个月工资的奖金。现在她工作第六年，工资只涨了一点点，为税前 15.6 万日元，加上夜班补贴，到手可以拿到 15 万日元。2005 年，22 岁的理绘和比自己大两岁的男友结婚。丈夫是护士，每个月税前工资约 18 万日元。双方的收入加起来，并不是说无法生活。不过，如果有一方辞掉工作没有了收入，日子就会很难过。虽然也有这样的经济方面的原因，但也是因为理绘确实感到看护的工作很有意义，所以她在怀孕后也继续工作。

虽然有过先兆流产的风险，但是 2006 年春天，理绘的第一个孩子还是平安出生了。出生后，她满心欢喜，“孩子能够平安降生，太感恩了”。她把孩子送入保育园，和有夜班的丈夫一起一边盯紧值班表，一边努力在家务和育儿上合作。仅靠丈夫一人的收入无法维持家庭生活，兼顾工作和育儿对于二人来说都是重要的课题。双方互相理解，能够用同样的心情育儿，让她感到简单的幸福，“结婚生子，有了家庭，真是太好了”。

在理绘工作的养老机构，躺在床上起不来的老年男性居多，有的家庭即使妻子健康，也不来探望。看到这样的情况，从这位男性的态度，可以明白他就是传说中的“大男子主义”。员工当中也有传言：“他的妻子大概很讨厌他吧，不想再照顾他了。”理绘不由得想：“男性把家务和各种事情都强加给女性，结果是很悲惨的。现在，已经不是男性有收入就了不起，女性在家里做家务带孩子就可以的时代了。就算有这种事，这种男性老了以后也只能是被抛弃。”

2007 年，理绘发现自己怀上了第二个孩子。

怀第一个孩子的时候，夜班、晚班都不得不上。因为单位人手不足，缺了一个人的话，轮班轮不过来。她拜托男性上司，起码让她把夜班换给别人，但对方并不理会，表示：“没关系，大家都这样，可以的。”

职场的体制一直不变，知道自己怀了第二个孩子后，理绘也很难说出口，眼看着就算说了也没有用。而且怀孕之前，她刚刚成为活动小组的负责人，这一句“我怀孕了，请换别人吧”是说不出口的。大家基本都讨厌夜班，没有人可以和自己换。除了每个月五六次的夜班，还要安排五六天的晚班。夜班的时候，为了防止卧床不起的老人生褥疮，要定期为他们翻身，这样的繁重劳动一直持续着。如果老人有排便，她必须要帮忙换衣服、换尿布。

周围比她年龄大的护工和护士，不少人都有流产经历，多次听说有人的孩子在厕所就流掉了。她切身感到，在看护的现场怀孕的话，流产的可能性较高。团块世代迎来退休，对于自己的健康、晚年、看护等越发关心，然而，支持看护现场的年轻人，却做出了很大的牺牲。

2007年4月，进入妊娠第九周后，一天晚上上完夜班后，理绘腹部突然疼痛，出血不止。看到血的瞬间，她感到“太恐怖了”。到医院后，医生给她做了B超，表示“现在胎儿心脏还在跳动，但明天早晨或者晚上，心脏就会停止跳动了”。她是多么希望，这一字一句都不是真的，眼泪流了出来。第二天她要进行手术，回家后却又出血不断。过了一阵，血块从子宫中流出来了。

理绘哭着哭着天就亮了，再去医院进行术前观察时，医生说：“啊，胎儿出来了。”昨天晚上的血块，原来是胎儿。一向令人恐惧的护士温柔地给她注射麻醉剂，数着“一、二”的时候，她就没有了意识。等她醒来以后，手术已经结束了。她用手摸了摸肚子，一种空虚感突然向她袭来。

被医生吩咐静养一周，理绘回到了家，但是眼泪一直流，失去了回到职场的自信。她不由得自责：“都是因为非要上夜班，一个人的性命就这样丢掉了。”

她休了带薪假期，想着就这样辞了这份工作吧。但是，现在为了养育茁壮成长的第一个孩子，她必须工作。虽然有一种强迫自己的心情，但是她也说服自己回到了职场。但是，如果想要第二个孩子，只能成为没有夜班的兼职员工，这让人很心烦。

## 福祉事业设施利用者和劳动者双方都面临着严峻的现实

过去，大概男性工作就可以养家，现在却不一定是这样了。由于各种原因，有人成为单身母亲、单身父亲。如果作为上司不能理解这些员工的话，不只会产生女性怀孕、生子后持续的就业困难，还会引发流产、死产这样不幸的事情。

由于少子化发展、诉讼风险大，妇产科医生的人数减少。有的地区，甚至出现了产科医生不足的情况。都不知道生产时会出现多么大的问题，但医生却出现了不足。此外，年轻人劳动时间不断延长，生育适龄期的女性身上的工作负担不断加大。

虽然30—40岁男性的长时间工作问题备受关注，在统计上，并没有显著的数字显示这一年龄的女性的长时间劳动。三菱UFJ研究咨询的研究员小林指出："仅从数据来看，30—40岁女性整体并没有长时间工作的突出问题，然而，这一年龄层的女性大部分都需要花时间育儿，工作时间却和20多岁的人群是一样的，这就是问题。在统计上，看起来好像是工作时间减少了，实际上却并非如此。如果不留记录的工作增加的话，这就意味着企业管理者强迫员工长时间工作，以及不支付报酬。政府（厚生劳动省）如果通过统计来判断，就无法把握这一问题，无法拿出合适的政策来应对，员工们只能是忍气吞声。"

在现实中，不论是正式员工还是非正式员工，由于担心工作不稳定，一直到生产前都长时间工作，结果在职场上出现临产征兆的情况绝不少见。这样一来，生产时出现身体问题的危险性就增加了。

这样的情况下，由于无法称得上是个人责任的原因引发了障碍和困难，为员工提供支持的本应是社会福祉，然而实施开来的政策却是放弃对他们的支持。如本书第二章讲到的看护行业一样，社会保障费用的削减让肩负社会福祉责任重担的年轻人们疲惫不堪。

生于东北地区的户田彩夏（化名，35 岁）在短期大学上学的时候，作为住宿佣工在智力障碍者支援设施实习了一个月，这份经历让她感到“还想更多地了解智力障碍人群”。彩夏毕业后，作为正式员工入职了东京近郊的一处智力障碍者支援中心。

在这家入住型的中心中，入住的人们一边口中不停地哼着什么，一边摇摇晃晃地溜达，或者发出怪声，或者流着口水坐在那里一动不动，简直像是在保育园或者幼儿园里的孩子们的样子。入住的智力障碍者大多只有两三岁的智力水平，身体发育成大人，或者已经是老年了。

“考虑到有智力障碍的孩子这之后漫长的人生，没有家长没想过死（一同自杀）。如果不是背负着这样的孩子，反复经历着同样的人生，是很难理解这些父母的心情的。”生下智力障碍的孩子的母亲如是说。比起孩子来，确实是父母去世得更早，到那时要怎么办呢？父母们这样的悲痛的想法，就委托给了支援中心。根据厚生劳动省《2005 年度智力障碍儿童（者）基础调查结果概要》，智力障碍儿童、智力障碍人士在 2005 年 11 月，大约有 54.7 万人。这其中，大约 12.8 万人入住了支援中心。智力障碍儿童（者）的数量逐年增加，身体障碍者也逐年增加。本应是保护这些残障人士的《残障者自立支援法》，在小泉政权解散国会进行大选后，于 2005 年 10 月被匆忙通过，智力障碍者就被抛弃了。

《残障者自立支援法》从 2006 年 4 月开始试行，同年 10 月开始正式实施。新制度的要点为：1. 利用者负担支援费的一成；2. 根据六个级别区分残障程度；3. 根据残障程度区分进行人员配置和报酬，设施利用者的费用变为按日计算。为了让激烈的变化有缓冲，一直到 2011 年末实行过渡措施。但是，这个制度的变化中，存在很多问题和矛盾。

关系到智力障碍者死活的是，残障程度的区分。为了接受福祉服务而对残障程度区分的判定基准，就直接使用看护保险的对于高龄者的判断基准。比如说，第一级的残障指做饭、家务的一部分需要帮助，第六级则是处于卧床不起的状态。这样一来，没有身体障碍却有智力障碍的情况下，即使是智力障碍的程度严重，仅从“可以去厕所”“可以换衣服”这样的身体条件来看，就会被判定为轻度智力障碍。残障程度区分判定当中，定级越高，支援中心就会被支付更多的费用，定级低的话，给到支援中心的报酬就会变少，这和中心运营直接相关。彩夏工作的中心自从《残障者自立支援法》实施以来，收入减少了。当然，这对职员的工资也产生了影响。

特别是，根据厚生劳动省省令和大臣告示，“如果不是六级中的四级以上残障，不宜入住支援中心”，所以让人担心的是，比起身体上的帮助，更需要看护、照顾的智力障碍者必须要离开设施。根据

《每日新闻》2008 年 4 月对全国 260 所智力障碍儿童中心进行的调查（回答率 75%），入住中心的儿童原则上收取一成的利用费，儿童监护人不向中心支付费用，出现了总额 5700 万日元的欠收金额，以负担增加为理由而离开的孩子超过 108 人。

彩夏的工作主要是指导利用者们的日常生活，如帮助进食、娱乐、散步、洗澡等。在高龄者居多的这一中心中，利用者基本不进行工作、照顾植物等作业。有老员工经过长时间与利用者们一起生活，就算是不懂他们的语言，也能够知道对方的饥饱、身体状况，利用者能够精神稳定地过日子。彩夏说：“重度智力障碍者无法用语言来表达自己的感受。我们的工作就是读取他们的表情、动作，锻炼自己的感觉。”

不论是吃饭的时间还是自由活动的时间，员工们都不能松懈。不知道利用者们什么时候就误吞食物以外的东西，或者摔倒受伤，员工们必须一天到晚，各处递眼色，集中精力。由于工作是“人际交流”，他们不仅要有体力，也要有精力。彩夏说：“智力障碍，在某种程度上，不是一种残障，而是可以理解成一种性格。普通人半年就可以做的事情，他们需要一年、两年才能够做成。像不能一边吃饭一边玩玩具这样的事情，通过不断的积累是可以完成的。这份工作的魅力就是，每天的生活当中能够看到这样的变化，无法预测会发生怎样的好事。”

彩夏也在结婚、怀孕这样的人生转折点到来的时候，产生过迷茫，想着“辞掉工作吧”。中心运营绝非易事，职员人数并不充足，只要有一人感冒请假，对于中心的负担就会加大，然而职员人数却无法增加。每个月到手 26 万日元，这在行业内部可能算是比较高的，但是无法期待比这更多的收入了。如果不是很奢侈的话，日子还是可以过的，但是制度的变化给收入带来直接的影响，在行业内引发的不安加剧。但是，彩夏怀孕时，入住者们对大着肚子的她说："老师，您的肚子大了，我来帮您拿吧。"她感到这份工作是真的辞不了。

### HIKS 夫妻不安的生活

"运营求职咖啡馆或者妈妈职业介绍所，要花多少费用呢？这也是用从我们好不容易赚到的工资中扣出去的税金来运营的。就算是去看看，也基本没有适合我这种带着小孩子的人的工作，有意义吗？"

山田渚（化名，30 岁）是一名人寿保险推销员，她的脸上满是想要放弃的表情。

渚和丈夫是所谓的 HIKS 夫妻。HIKS 是英文"Half Income with Kids"的简称，指妻子或者丈夫失业，收入减半，还有孩子的夫妇。过去，结婚后妻子辞去工作成为全职主妇，丈夫的收入随着年龄工龄而增长，家族补贴等厚生福利也很丰厚，而现在传统型雇佣的惯例崩溃，仅凭一方的收入已经无法维持家用。

渚生长于东北地区，高中毕业后在老家的一个老餐馆工作。作为正式员工开始工作了半年后，由于店铺内发生了食物中毒，被命令停止业务，所以她换了工作。她想着不能在农村当个打零工的人，所以决定到一家大型教材公司的分店做销售工作。每天早晨 8 点开始工作，结束时已经是夜里 11 点，没有加班费。虽然她想过换工作，但是正式员工的招聘条件很苛刻，老家只有工作定额很高的销售职位，或者是小钢珠店，时薪 700 日元的超市售货员这样的用人需求。她决定碰碰运气，去东京找工作。

她找到了室友一起分担房租，一边打工一边找工作，确定了一家大型综合商社旗下的外包公司呼叫中心的工作，虽然也是打工性质的工作，但是她被作为长期员工录用。据说之后可能被转为正式员工。公司 24 小时接待通信销售、手机、网络服务、旅行代理店等呼叫中心工作，也有夜班。时薪 1250 日元、夜班时薪 1400 日元，这对于从农村出来的渚来说，已经很高了，所以她决定在呼叫中心工作。

2005 年 11 月，她与比自己大两岁的男友登记结婚。她很快就有了孩子，但是在怀孕期间，丈夫工作的 IT 相关企业破产，他失业了，所以渚继续工作，二人用她每月 20 多万日元的工资维持生活。在她的职场中，虽然没出现过打工员工怀孕遭到“孕期解雇”的情况，但是她上夜班还是上到了临产前。因为产检之类的要花钱，她去不了。在医院生孩子的话也要花钱，所以她选择在助产院生。因为没有钱买奶粉，所以必须用母乳喂养。在助产院生孩子的话，助产士可以给予开奶的指导。

丈夫自从毕业以来，一直都是非正式员工，就算去找工作，也很难打开正式员工聘用的路子。他从小视力差，不能开车，无法从事广泛招聘正式员工的销售职位，这也是个很大的问题。丈夫找工作不顺，接着就丧失了信心，一时间变得无精打采。

2006年秋天，渚在第一个孩子出生后离了职，但是丈夫的收入指望不上，她便抱着刚出生的孩子开始找工作。抱着不到1岁的女儿找工作是非常困难的。仿佛抓到救命稻草一般，2007年4月她定下了一个牛奶饮料送货上门的工作。她每天把五六十千克重的商品放到自行车上奔走配送，一个月收入只有两三万日元，不怎么稳定。公立保育园没有位置，她把孩子放到无证保育园，每个月的入园费就要7.6万日元，但是不把孩子送去保育园，她就没法儿工作。有时候入园费不能按时缴，房租缴不上，只能是依靠家里的父母。

丈夫自从孩子出生以来，想到自己“是父亲了”，重新振作精神，只要能看到从打工员工变成正式员工的可能，就开始工作，但是并不顺利，他又失业了。

在这个男女必须一起在年富力强时支撑家用的时代，不少人都是一直作为非正式员工在工作。这与之前很多主妇为了补贴做兼职、派遣员工工作的情况不同，现在越来越多的人是为了生活而工作，但也只能作为非正式员工被聘用。面对这样的情况，必须要确保非正式员工获得至少能维持生活的最低工资。2007年，10年以来第一次最低工资大幅调高，全国平均增长14日元，是上年度增幅的3倍，但并没有改变薪资依然在低水平上的事实。

日本经团联干部道出了自己的心声，不仅正式员工的长时间工作是个问题，“派遣员工等非正式员工的薪资水平也是问题”。

渚追求收入的稳定，有日本大型人寿保险公司和她搭话，她便成了这家公司的推销员。在职业介绍所周围，经常有等着想挖掘到新的人寿保险推销员的推销员。带着小孩子的女性在职业介绍所不管怎么找工作，很多情况下，一旦到了面试，就无法得到工作，所以保险公司瞄准这样的时机，找到推销员。

为了让孩子能吃上饭，必须得先工作。公司说明，人寿保险推销员最开始的两年月收入保证有 18 万日元。决定入职后，公司给加入社会保险，但是签的是个人业务承包合同。公司定期有会议，渚也要写业务报告，工作方法和一般的“公司职员”没有什么不同，但是由于她是个人业务承包，公司只给支付从家到保险公司的交通费，拜访客户的交通费、饮料费、人寿保险的纪念品也都要她自己负担。因为交通费增加，还要给顾客买礼物，每个月轻松就花出去两三万日元。业务联络是通过办公室里的笔记本电脑接收，每个月从工资里扣除 5000 日元的租赁费。虽然渚想着，人寿保险业务相关的大量信息都存在电脑里面，考虑到这个的话，5000 日元大概也算便宜的吧，但是这简直和日结劳务派遣中成为问题的“数据装置费”是一回事啊。

“数据装置费”的问题指的是，大型人才派遣公司 Goodwill，以用作人身伤害、财物损失等民间保险费的一部分、派遣员工安全装备购入费的名义，每人每天扣除 200 日元的“数据装置费”，这笔钱在日结派遣劳动者拿到的日薪当中扣除。事情暴露后，总公司 Goodwills 集团在 2007 年 6 月表明会返还这笔数据装置费，返还对象是从 2005 年 5 月开始到 2007 年 4 月底的两年间被派遣的员工，合计 80 万人。由此产生的支付费用高达 37 亿日元。

渚在人寿保险公司的工作，如果没有达到工作定额，被保证的月薪就会减少。工作目标是每个月签订两个合同，完成销售保障额合计 1000 万日元，完成不了的话，基本工资自动减少。每个月签一个合同，基本工资有 5.5 万日元，两个合同的话，就会有 7.5 万日元。然后每个月加上提成，才能达到之前说的 18 万日元。如果签不到合同，上司就会说“不到天黑别回来”，命令她“去找那些姓名首字母和你一样的人签约”，意思就是去找家人和朋友。她也以丈夫的名义加入了保险。但是，合同一完不成，就会被老板怒吼“别回来”。

渚累得筋疲力尽回到家后，丈夫正在给女儿洗澡。看到喊着“爸爸”，脱着衣服追在丈夫身后的女儿，渚一边想着“啊，今天也是很辛苦啊”，一边又有了明天也要加油的决心。

只是，同事们赶着让顾客签约，把无理的保险计划强加到顾客身上，然而渚却做不到。开始的一阵子还能够想办法完成工作定额，但是半年后的 2008 年 4 月，她看到收入明细后震惊了，到手只有 4 万日元，因为她没能达到工作定额。

这样的保险推销员的劳动问题，从很久以前就存在，却得不到彻底解决。一位国会议员表示：“人寿保险推销员的劳动问题、由于放宽法规而造成的出租车司机供需问题，厚生劳动省放着这些问题不管，是考虑用这些问题作为失业对策的接盘吧。”认为这里面有诸多问题。

终于，渚的丈夫开始出去工作了，但是他的工资是次月才能拿到。一家三口想要生活，一个月至少要有 4 万日元。丈夫厚着脸皮希望公司可以提前支付他的工资，但是依然改变不了家里负债的情况。手机费缴不上，只能停机了。

“我和丈夫不吃不喝也没关系，但是必须让孩子吃上饭。”

就业冰河期一代中，无法成为正式员工的丈夫的雇佣很不稳定，带着小孩子的女性的工作也很受限制。根据国税《民间工资的实态调查》(2006 年)，现在有 1022 万人的年收入在 200 万日元以下，占到工资所得者的 22.8%。在这一统计中，大概也包括了在工资收入之外有金融资产和固定资产的人，但是低所得者增加的情况依然没有改变。在这其中，极大可能存在 HIKS 夫妻，生活本身以及孩子教育的差距产生，引发恶性循环。

现在，百元店或者低价的商店里还是有食材和家庭用品，所以即使收入少也可以生活。但是，原油价格高涨、食物价格高涨引发与生活相关的商品价格上升。对此，经济记者荻原博子说：“百元店等低价状态无法长期存在。大概到了 2008 年，低价路线的经营就会无法成立。一直以来，夫妻二人一个月有 40 万日元的收入，就可以生活。但是女性一怀孕生子，就不得不辞掉工作，再就业困难，只能在生孩子之前存一点钱。”

根据总务省的统计，消费价格指数2008年3月与上一年相比上涨了1.2%。第一生命经济研究所首席经济学家熊野英生指出："物价上升率看起来是微增，但是连身边的东西也出现了价格上升，消费者对物价的感受是比统计数字要更准确的。"消费价格指数的明细中，有全年购入频率这一类别的上升率，一年9次以上的购入频率，比起上年度上升了3.2%。熊野先生表示："对于生活必需品等基础性支出占比较高的低收入者群体来说，相比之下，物价上涨给他们带来的痛苦更大。"此外，他还说："根据2006年的国民经济测算，家庭储蓄率为3.2%，处于1949年以来的低位。造成这种情况的原因，是2000年后收入减少、雇佣的非正规化、无业一代的激增等。"

渚也是在怀孕期间由于经济不宽裕，没有能够进行充分的产检。像这样由收入差距以及怀孕、生产的问题引发的悲剧，从2007年8月奈良县发生的"孕妇被踢皮球"而死亡的事件当中，就可以看得到。孕妇没有进行产检，没有专职医生，没有健康手册，都是应对延迟的原因。但是，不少夫妇都陷入了不宽裕的家庭经济状况，无法接受一两周一次5000—1万日元的产检。社民党党首福岛这样说："不仅是分娩，产检也应该免费。在今天，年轻人的就业产生差距，并且固化，不论是正式员工还是非正式员工，都有人甚至站不到组成家庭的起跑线上，国家不仅要纠正差距，还必须要考虑制度，让已经萌芽的生命平安降生。"

社民党内组成了"打造能够听到婴儿第一声啼哭的街道的项目

组”，在全国各地视察分娩现场，向厚生劳动省推动对应政策。

想要健康养育生下来的孩子，父母的经济实力不可或缺。虽然这不是绝对的现象，但是由于家长的就业不稳定以及压力，出现了30多岁的丈夫对妻子施暴，虐待儿童和遗弃儿童这样的事情。

根据警视厅的报告，2007年的一年之内报警受到伤害的家暴事件比上一年增长15.1%，达到2.0992万件，这是年度统计开始的2002年以后，第一次超过2万件，是在过去的这些年中数量最多的一年。伤害、暴行占全体事件的八成，77人遇害之多。遭遇这样的侵害的女性，除了报警外，还可以到东京女性商谈中心寻求庇护。中心的原商谈员说：“四五年前，从年轻人的就业不稳定开始变得明显，30多岁的夫妻当中，男性丧失了经济上的自信，对妻子、恋人施加暴力的情况开始增加。”

劳动问题不仅让劳动者本人对于未来感到不安，也会给周边人的生活蒙上阴影。由于就业不稳定、过劳等原因，一个人没有了精神上的富足，一些弱势群体就成了其宣泄的渠道。另外，自己的父母一代——团块世代突然进入了需要看护的年龄，在这时，对努力支撑自己生活的就业冰河期的一代，我们能做些什么？

## 对劳动者、经营者、工会的要求

对年轻人的就业问题，笔者认为，忽视地方上的实态，会误判日本的未来。事实上，东京集中了全国10%的人口，东京、名古屋、大阪三大都市集中了 50% 的人口。媒体的受众也主要集中在都市，毋庸置疑，媒体基本倾向于不报道地方问题。越是对媒体、金融等有影响力的产业，越是在论资排辈、封建主义、男尊女卑这些方面有很强的传统。在第一线的年轻人现在还被叫作“军队”，然后就产生了属于这些产业的企业经营者、负责人、部长、中间管理层的不理解和时代的错误，这样的负面连锁反应是很大的。

政治评论家森田实说：“官僚有着拉拢政治家的指南和技术。现在官僚也在笼络媒体责任人，误导报道的情况很多。年轻人即使想要在生长的地区工作，也没有职位。这让他们失去了一边工作、一边和家人一起生活这样的人情味。这也是由于，小泉政权‘三位一体’的改革抛弃了地方，弱化了市、镇、村的力量。《劳动法》被修改为对经营者一方有利，到头来，该制度变成了管理层不必履行其雇佣责任的制度。他们不关心别人，只关心自己，这种非常低级的自由竞争的理念蔓延开来。国家的实力其实存在于地方。”

看看地方的情况，就能很清楚地了解这个国家的内情。在日本，年轻人在地方上没有工作的话，就会到城市里去，然后正好被方便地利用。

访问宫城县的时候，笔者了解到，市、镇、村合并的弊害，不仅是对周边的居民产生了影响，也对在那里的公务员产生了影响。

县内的自治体从 2002 年以后，就控制毕业生录用。结果就是，“最后的新人”到了成为社会人的第四年，迎来了结婚生子的高潮。职场上做实际业务的是 20 多岁、30 多岁的这些人。25 岁以上的职员明确表示："即使结婚，也无法带薪休假，没法儿去蜜月旅行。"如果只是这样的话，大概也还好。其他地方的公立医院中，由于人力费用削减，职员人数减少，有人遭到上司指示"生孩子的顺序"。

就算有员工拿到产假和育儿假，但是由于财政困难，无法补充临时员工，剩下的怀孕中的员工想要去产检，就无法使用带薪假期，产检被当作迟到、早退、缺勤来处理。最后，她们变得连去产检的时间也没有，有的女员工出现了先兆流产。这位女性连流产的事实都难以对周围的员工说出口，流产后说自己休"病假"，然后休息了。

就连比民间企业制度更优厚、被法律保护的公务员世界，也都在人员削减、员工非正式化不断推进，对《劳动法》的遵守正在崩溃。

此外，市、镇、村合并而引发的公立医院的重组，以及市民服务的减少，影响了在医院工作的医生、护士、助产士等人的就业。由于医院缩小到诊疗所规模，首先就是产科、儿科被取消，助产士和儿科医生都消失了。从县中心大学到较远地区的自治体上班的医生和护士们，被通知调动到山间交通不便的医院。如果可以单身赴任的人，还可以设法继续工作，但是医院工作有白班和夜班，长距离通勤是非常困难的。自治体员工说："上面应对的方式，简直就是说如果不能通勤，那就辞职。"

由于合并，自治体的面积增大，从一端到另一端的距离增加。陆续出现了员工通勤到其他县更近的这样令人哭笑不得的状况。单程两个小时的通勤，让员工兼顾育儿变得更加困难，原来因没有驾驶证而骑自行车上班的员工，被迫落到了不得不辞职的境地。情况已经变成，如果不是有驾驶证、有车、处于可以开车的健康状态，连在自治体工作都不行了。

50 多岁的女员工感叹："这个地区已经是连分娩的地方都没有了。不仅如此，保育园的数量也有限，如果孩子生了病，也没有能给看病的医院。面对到城市去上学的女儿，我现在没法儿再说让她回来了。"

这样一来，年轻人的身影在地方上就会逐渐消失。这样的日本，会有光明的未来吗？

我们已经到了这样一种状况，不能再把现在的困境都归咎于企业、官僚和政治家了。

生于中国，在日本度过半生的 Softbrain 公司创办人宋文洲这样认为："不管员工正式与否，个人和公司缔结劳动合约，才是消除正式与非正式员工的差别，进而守护正式员工权益的关键。当今的法律体系，并不是企业同公司员工之间签订个别合同，而是允许员工代表和企业间签订合约这样的模糊的合约形态。很多的正式员工连劳动合同的存在都不知道。因此，日本企业和员工之间的劳动合同处于一种伪契约状态，劳动期限和条件等在合同书内都没有被明确定义。没有合同期限的合同，本不应该叫作合同。很多政治家，明知这样的事态，却搁置对法律的整顿。这是政治的责任。"

公司也是被员工们惯坏了。正是因为员工们认为"正式员工等于终身雇佣”，所以他们就按照企业说的来“服务型加班”，不拿加班费。这也是造成正式员工只是名义上的状态的原因之一。从此，为了保护自己，不管正式员工、非正式员工，都必须要签订明确的劳动合同。

另外，应当认真学习法律，面对说“不想干就辞职”的上司、经营者，能够明确说出这是违法的。假如嘴上说不出、无法抵抗，能够想到法律起码是保护自己的，也可以改变每天在职场中的生活和心态。国家努力推进职业教育，学生从义务教育课程开始学习劳动法制的话，才更能够在成为社会人后发挥作用。

日本经团联的高桥秀夫参事说：“非正式员工和正式员工工作责任相同，却拿着低工资，这证明企业方面有问题。虽然说企业应当根据工作的内容来制定雇佣的组合，但是不可以固定这种组合。对于非正式员工中想要成为正式员工的劳动者，要留有正式员工这条道路，必须准备多样的管理方法，制定可以变换的结构。但是，对于年纪大的打工族来说，这条道路并不容易，企业在聘用正式员工时持谨慎态度。”

日本经团联的方针是，主张对《劳动者派遣法》放松规制、“白领免时限”[1]等，“为实现这些灵活的工作方式”，今后要放松劳动规制。在这样的形势当中，每个劳动者都要对法律制度的动向变得敏感，不管对政策赞成与否，都必须要发声。

---

1　按劳动成果而非时间支付薪资的制度。

劳动者意识到自己的权利，在职场与经营者的错误和利己主义作斗争的时候，企业内的工会、产业工会、全国工会以及个人可以加入的工会等为劳动者而创立的组织发挥着重要的作用。只要没有很强的自信，就没法丢掉自己“如果说点什么，可能就会被降职解雇”的担心，来向上司和经营者抗议。但是，如果可以想到工会在保护着自己，那么提高声音的人就会增多，力量就会增大。

日本劳动组合总联合会长高木刚说：“由于非正式员工增加，总体来说，正式员工当中，规定工作时间外的工作也在增加。按照现在工资增长的比率，比起雇用一个新人，让既有的员工长时间工作更能有利地解决问题。日本全国平均每 5 个人中就有 1 个人每个星期工作超过 60 小时，在东京，这样的状况更是 3 个人当中就有 1 个人。连 20 多岁到 30 多岁的这一代人中，也出现了过劳死。即使说人年轻的时候勉强工作还能行，也是有极限的，由于职场的僵化，精神方面的压力也会增加。企业这样做大概可以获利，但是员工们工作到疲惫不堪，结果就是离职率增高。不能说，人们碰巧生在这样的时代，就一概而论了。不得不说，社会贫富差距的始作俑者是经营者。他们认为，只要增加‘好用’的非正式员工，就可以在报酬低的情况下轻易地裁掉他们。必须要重新审视工作应有的状态，恢复劳动者的尊严。”

此外，企业如果经营状况很严峻，就应当严肃地对员工们如实表明。如果经营者的高层能够说，“现在虽然辛苦，但是努力几年，效益恢复的时候，一定再把利润返还给员工”，这样就可以维持员工们的工作积极性。笔者认为，连这也做不到的企业，就应该停业了。如果只是把公司的员工当作一颗棋子，只要他们还工作得动，就让他们工作，把他们逼到过劳、抑郁的境地，这样的经营者没有尽到作为公共个体的责任和使命，所以他们本身在社会的存在，不应当被质疑吗？雇用一个人，就是对这个人的一生都有责任。在雇佣这件事上什么责任都不负，用后即弃的经营者不应当存在于这个世上。正因如此，他们应当被淘汰。

伊藤忠商事会长、经济财政咨询会议的民间议员丹羽宇一郎这样说："正因为人被重视，才能够发挥力量。反对提高最低工资的企业，没有社会存在价值。无法给予劳动者最低限度的生活保障的企业，对社会没有必要。人是为了什么而工作呢？不仅是为了工资，还有社会归属意识、来自他人的期待感、作为人的成长，这些都会对工作产生积极的影响。但是，生活不稳定的话，就无法产生为人工作、为社会工作的心情。这里面就存在经营者的问题。只是大企业的利益提高，中小企业的利益被压缩，变成了中小企业员工丧失未来梦想的'失梦时代'。处于强势地位的大企业不应当只考虑自己的利益，也必须要计划同小企业的'自立与共生'。"

正如本书所述，各个行业由于人力费用削减弊病丛生。饮食业的离职率据称为20%—30%，英式酒吧"HUB"却把离职率控制在了10%，经营这家酒吧的金鹿研一社长这样断言："让社员无休止地工作、强迫他们服务型加班，以削减人力费用来挣钱，这样的企业没有未来。如果员工本身不能快乐地工作，企业就无法发展。"

## 创造宜业的社会

2004年，笔者开始围绕雇佣问题进行写作，现在与那时相比，社会差距问题已经被聚焦、特写。但是，穷忙族、贫困等案例被报道的时候，很难让当事人之外的人也有同感，“这个问题真是太难了”。在考虑雇佣问题的时候，如果不把非正式员工和正式员工放在一起来考虑，就很难在更广的范围获得理解，在解决的道路上前进。

非正式员工增加的话，不稳定的雇佣增加，相应地，正式员工的负担增加，不安定的正式员工也会增加。但是，也不能把所有的负担强加到企业身上。没有经济的发展，劳动问题的解决就会变得困难，劳动政策和经济政策也必须成套来考虑。

在考虑经济政策的时候，国家不仅要支持有成长前景、容易出成果的产业，也应倾尽全力改善医疗、看护等与国家制度密切相关的职场环境。成长型产业自己就能成长，对于不是这种类型的产业，政府应当伸出援手。

日本劳动政策、经济政策当中绝对欠缺的，是“头脑冷静、内心温暖”（cool head but warm heart）这样的姿态。这个概念来自英国学者阿尔弗雷德·马歇尔说的“拥有冷静的头脑和温暖的内心，为了同周围的社会苦难斗争而主动倾注最大的力量，想要为了增加这样的人才而竭尽全力”。企业当然会为了追求利益而运作。但是，那些利益是从一个个员工的劳动当中产生的，所以为了让劳动者能够人性化地工作，法律必须要对经营者进行规范、监督。正因如此，不能通过只方便经济界的法律制度。

笔者认为，日本应当批准国际劳工组织兼职劳动公约，要朝着这个方向努力。占到非正式员工的三分之二的兼职、打工员工，对自己的努力无法获得正当评价，这样的社会，允许经营者压榨劳动者，就变成了容忍阶级社会，会产生不可接受的社会差距。日本不批准国际劳工组织兼职劳动公约，简直就像对世界说：“日本是非正式员工无法安心工作的社会。”由于批准这一公约，需要整顿国内法律，这相当于要确立对非正式员工友好的工作环境。笔者认为，增加业务成果、提高生产力，是以公平的条件为前提的“安定的雇佣”，或者说“成果和回报的明确的规则”。对于非正式员工和正式员工都是如此吧。一项项政策无法有效地实施，是因为国家当中没有政府官员、劳资双方下力气团结一致的愿景。应当明确提出要追求“有尊严地工作”、批准国际劳工组织兼职劳动公约这一目标，立场不同的双方持续谈判，互相认真地对话现实中的可能性。

就算是不改变法律，也有职场中能做到的事情，这就是“工作的可视化”。不论是正式员工还是非正式员工，在职场当中，什么人、什么时候、做什么样的工作，过程和结果如何，如果是20—30人的规模，这些情况是肯定可以掌握的。如果了解了每个人的工作、过程和结果，那么通过控制工作的分配，就可以解决工作量失衡的问题，也可以实现正式员工和非正式员工同工同酬。如果公开工作的内容，员工可以明确提出不满，也可以互相帮助。在某种意义上，向别人公开自己的工作，在职场上容易出现枪打出头鸟的情况，但是凝聚职场关系是管理层应有的能力之一。现在，要不就是因为中层管理没有干劲，要不就是因为没有能力的人当上了管理层，工作可视化才难以实现。所以，如果能够明确谁在做什么事情，就能够为工资的差异化寻求合理的理由，许多劳动问题得以解决。

笔者始终认为，在职场中，如果“头脑冷静、内心温暖”的概念能够传播开来，就能够产生和所谓的成果主义不同的竞争与合作机制。大家心里不是都明白吗？对旁边同事一点点的同情心、一起合作完成工作的意识，可以带来好的工作效果。

笔者从职场这个角度来看世界，总是觉得日本还没有战斗，就已经输给了海外。

现在，支撑外需主导的日本经济的，不是汽车等商品的对美出口，而是对中东、俄罗斯、南美、澳大利亚等资源型国家和地区的出口。这样一来，可以抵消高油价和原材料价格高涨，但是这样的平衡打破的时候，会变成什么样子呢？

美国次贷危机发生的时候，据说对日本国内的影响是有限的，但是2008年4月内阁府发布的《月例经济报告》中，日本经济的基调是“经济处于停滞不前的状态”。从3月的行业状况判断的“要谨慎”，变成4月的“要更加谨慎”，说明了经济的恶化。在这样的情况下，刚刚有所改善的应届毕业生招聘再次缩水。企业如果形势不好的话，就会减少招聘，在有限的人员下完成工作。这样一来可以预见，年轻人的劳动环境恶化让没有未来的劳动者疲惫不堪。现在不过是“没有工资的恢复”状态，虽然就业增加，但工资没涨，之后状态会更加恶劣。

日本经济的衰落近在眼前。从冰河期一代的就业情况恶化中可以看出，弱化作为日本经济支柱的年轻人的就业，结果就是年轻人的未来变得悲惨，日本经济的惨淡未来即将到来。

要建立更宜业的社会。

一旦开始工作，人生的大多数时间都会在职场上度过。为了从工作当中看到生存的意义而努力的年轻人，才是这个国家的希望。通过采访，笔者强烈感到，即使是在正式员工有名无实的状态下，年轻人们在业界、公司也没有丧失对工作和人生的自豪感，他们将最终支撑起日本的经济。

# 后　记

在东京JR御茶之水站附近的御茶之水桥上，很容易就能看到车站的站台，上行下行的电车来来往往，公司员工、学生接连上车、下车。有一次，一位在金融公司工作的团块世代的员工，带着笔者到了桥上，说了这样一段话：

“金融危机的时候，为了公司的存续，我被命令必须要裁员，一想到员工的家人，肯定是下不了手的。但是，我又必须要完成自己的任务。受不了这样的矛盾的时候，我就一直眺望着这上下电车的人群，思考着人生。”

他的声音颤抖，掺杂着懊悔，眼中浮出泪光。

这时，我再次意识到，就业冰河期一代也背负着父辈们的痛苦与悲伤。被经营方命令裁员的团块世代的大多数，最后连自己也被裁了。在削减人力费用的大潮当中，中老年一代也无法抵抗。年轻人的毕业生招聘缩减，但这背后，有着想要守护我们这些儿子、女儿的父辈们的懊恼和忧虑。

笔者幼时就被父亲教导“不能以学历、职业判断一个人。职业不分贵贱，重要的是成为社会人后做什么”，也被母亲教育说“我们绝不允许有机会不平等的社会。不要错判时代”。正因如此，笔者指出，有些结构性问题通过个人努力无法解决，并一直认为，如果政治家、行政机构、经营者等明知这样的现场问题却置之不理，必须要被严厉地追究。而且，笔者不禁想要记录下即使处于不公平的环境中，仍不甘现状、想要掌握自己的人生而努力的年轻人们的姿态。

笔者从四五年前开始讨论年轻人的就业问题，但那时，总有人说“年轻人很天真的，就业问题不好卖，别搞了”。和当时相比，现在的舆论发生了很大的变化，很多人都开始讨论社会贫富差距的问题。这些都让笔者坚信，坚持写作这个主题非常有价值。但是，我们必须警惕，有些报道只是由于“好卖”而进行的，容易错判问题的本质。如果只是炒作，举一些贫富差距问题的典型例子，可能会受到很多关注。但是那样的话，就掩盖了正式员工的长时间工作问题、兼职员工待遇均等问题中体现出的根本性的问题。越是不显眼的问题，根源越深，没有解决的部分才越多。

正当笔者在思考这些新闻报道和媒体的矛盾的时候，岩波书店的中山永基先生读过笔者上一本书《报道：想要成为正式员工》（影书房出版）后，于 2007 年 6 月下旬寄来了明信片。聊过几次后，我发现我们都认为“必须从正面书写出来的，正是那些经常被掩埋的问题”，于是有了这本深入纪实的著作。

长时间工作导致的过劳和身体不健康是个很大的问题。不仅如此，在这种情况下，职场也毁掉了年轻员工对工作的想法及其通过工作来成长的姿态。笔者一直以来以非正式员工的问题为中心来发起报道，但是同时感到，不能忘记正式员工的雇佣状况也在恶化，如果不把非正式员工和正式员工的问题放在一起来认真考虑的话，就不能在真正意义上扩大共有劳动问题的意识。如果企业、政治怠于真正意义上的结构改革，简单地想要用员工的非正式化来补充劳动力的不足，不整顿日本的劳动力市场，而只是吸收国外的劳动力的话，工作的质量当然会恶化。如果把作为日本经济中坚力量的年轻人逼入困境，结果将是日本经济的退步。

从正式员工到非正式员工，进一步是从非正式员工到中国、越南的员工，雇佣机会流向人力费用低的地方，日本企业的目的地在哪里呢？这种无根草的状态，就是所谓的全球化吗？正是现在，如果不回到劳动与经济的原点，不恢复劳动者的尊严，企业就无法持续发展。为了守护稳定的就业，最重要的是稳定的经济发展。助力经济发展、产生企业利益的，归根结底是一个人一个人的劳动。笔者收集这样的现场声音，在写成这本书之前，大概半年用了超过70本采访笔记。为了人性化地、有干劲地工作与生活，首先必须要直面现实。

最后，笔者对在采访中给予帮助的各位表示感谢。虽然有些受访者表示，在报道中登场，即使是实名也没有关系，但是考虑到对今后的影响，有些地方特意使用了化名。此外，本书当中，省略了敬语。在采访和写作当中，编辑中山先生提供了很多的建议，他作为笔者的同龄人，带着“头脑冷静、内心温暖”的想法来面对出版工作，让人备受鼓舞。此外，我面对的工作与“平衡工作与生活”还相去甚远，如果没有伙伴和家人的共同理解、忍耐和帮助，是无法完成本书的。真的非常感谢。此外，读者的存在是最大的鼓励。之后为了读者们，笔者也想要像匠人一样，关注劳动问题，继续写下去。

**图书在版编目（CIP）数据**

就业冰河：被剥夺稳定工作的年轻一代 /（日）小林美希著；赵婧姝译.—
北京：中国工人出版社，2022.11
ISBN 978-7-5008-7851-3

Ⅰ.①就… Ⅱ.①小… ②赵… Ⅲ.①劳动经济学Ⅳ.①F240

中国版本图书馆CIP数据核字（2022）第222336号



著作权合同登记号：图字01-2022-0103

**就业冰河：被剥夺稳定工作的年轻一代**

出 版 人　董　宽
责任编辑　邢　璐
责任校对　丁洋洋
责任印制　黄　丽
出版发行　中国工人出版社
地　　址　北京市东城区鼓楼外大街45号　邮编：100120
网　　址　http://www.wp-china.com
电　　话　（010）62005043（总编室）　（010）62005039（印制管理中心）
　　　　　（010）62001780（万川文化项目组）
发行热线　（010）82029051　62383056
经　　销　各地书店
印　　刷　北京盛通印刷股份有限公司
开　　本　880毫米×1230毫米　1/32
印　　张　6.875
字　　数　140千字
版　　次　2023年2月第1版　2024年1月第2次印刷
定　　价　48.00元